Alfred Veith / Michael Doschko

Vorsorgevollmacht – Patientenverfügung – Sterbeverfügung – Erwachsenenvertretung

AF524821

Alfred Veith
Michael Doschko

Vorsorgevollmacht - Patientenverfügung - Sterbeverfügung - Erwachsenenvertretung

So sorgen Sie für den Notfall vor

3. Auflage

Bibliografische Information der Deutschen Nationalbibliothek
Die Deutsche Nationalbibliothek verzeichnet diese Publikation in der Deutschen Nationalbibliografie; detaillierte bibliografische Daten sind im Internet über http://dnb.d-nb.de abrufbar.

Das Werk ist urheberrechtlich geschützt. Alle Rechte, insbesondere die Rechte der Verbreitung, der Vervielfältigung, der Übersetzung, des Nachdrucks und der Wiedergabe auf fotomechanischem oder ähnlichem Wege, durch Fotokopie, Mikrofilm oder andere elektronische Verfahren sowie der Speicherung in Datenverarbeitungsanlagen, bleiben, auch bei nur auszugsweiser Verwertung, dem Verlag vorbehalten.

Es wird darauf verwiesen, dass alle Angaben in diesem Werk trotz sorgfältiger Bearbeitung ohne Gewähr erfolgen und eine Haftung der Autoren oder des Verlages ausgeschlossen ist.

ISBN 978-3-7093-0693-2 (Print)
ISBN 978-3-7094-1229-9 (ePub)
ISBN 978-3-7094-1228-2 (E-Book-PDF)

© Linde Verlag Ges.m.b.H., Wien 2022
1210 Wien, Scheydgasse 24, Tel.: 01/24 630
www.lindeverlag.at

Umschlag: buero8 + Linde Verlag Ges.m.b.h.

Druck: Hans Jentzsch & Co GmbH
1210 Wien, Scheydgasse 31
Dieses Buch wurde in Österreich hergestellt.

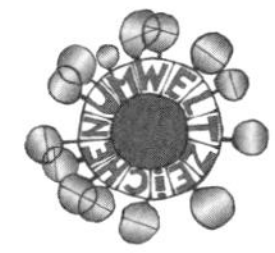

Gedruckt nach der Richtlinie des Österreichischen Umweltzeichens „Druckerzeugnisse", Druckerei Hans Jentzsch & Co GmbH, UW-Nr. 790

INHALT

EINLEITUNG

Jeder von uns wünscht sich, bis ins hohe Alter bei klarem Verstand zu sein und seine eigenen Angelegenheiten bis zuletzt persönlich regeln zu können. Wir sind es gewohnt, selbst im Supermarkt einzukaufen und unser erspartes Geld selbst zu veranlagen. Im Leben vieler Menschen gibt es jedoch eine Zeit, in der sie auf Hilfe angewiesen sind. Sei es aufgrund eines Unfalls oder weil die geistigen Fähigkeiten im Alter nachlassen. Wenn man bewusstlos ins Krankenhaus gebracht wird, kann man dem Arzt nicht mitteilen, welche Behandlungen man ablehnt. Wenn man an Demenz leidet, kann man selbst keine Anträge auf Pflegegeld mehr stellen oder selbstständig in ein Pflegeheim ziehen.

Der Gesetzgeber hat in den letzten Jahren Werkzeuge geschaffen, mit denen man für diese Fälle vorsorgen kann. Selbst wenn man keine Vorsorge getroffen hat, gibt es für nächste Angehörige die Möglichkeit, ihren Verwandten zu helfen und sie im Alltag zu unterstützen.

Dieser Ratgeber berücksichtigt das mit 1.7.2018 in Kraft getretene 2. Erwachsenenschutzgesetz. Hier war es dem Gesetzgeber ein Anliegen, die gerichtliche Fürsorge für Menschen, die nicht mehr in der Lage sind, ihre Angelegenheiten selbstständig wahrzunehmen, neu zu ordnen. Es ist das erklärte Ziel des Gesetzgebers, die Autonomie der Vertretenen soweit wie möglich zu erhalten und nicht mehr gleichsam „von oben herab" über sie zu entscheiden. Betroffene sollen durch das 2. Erwachsenenschutzgesetz mehr als bisher in Entscheidungsprozesse in Bezug auf ihre Angelegenheiten eingebunden, aber dennoch vor Benachteiligung und Schaden geschützt werden. Aufgrund dieser Anliegen wurde das bis 1.7.2018 bestehende Sachwalterrecht nicht lediglich angepasst und geändert, sondern erachtete der Gesetzgeber vielmehr eine umfassende Neugestaltung dieses Rechtsbereichs für erforderlich.

Mit 1.1.2022 ist schließlich das Sterbeverfügungsgesetz in Kraft getreten. Personen, die an bestimmten schweren Krankheiten leiden und ihr Leben selbst beenden wollen, können eine Sterbeverfügung errichten. Nach Errichtung der Sterbeverfügung erhält die sterbewillige Person in einer Apotheke ein Präparat, mit dem sie ihr Leben selbst beenden kann.

Dieser Ratgeber soll Ihnen einerseits dabei behilflich sein, für schwierige Zeiten in Ihrem Leben vorzusorgen, und Ihnen andererseits zeigen, wie Sie Verwandte und Bekannte in diesen Situationen unterstützen können.

Im Wesentlichen werden in diesem Ratgeber sechs Themengebiete besprochen:

- Mit einer **Vorsorgevollmacht** kann man sich die Person, die einem helfen soll, selbst aussuchen. Man kann ihr in der Vorsorgevollmacht Anweisungen erteilen und genau regeln, was der oder die Bevollmächtigte darf. Eine Vorsorgevollmacht verhindert die Bestellung eines gerichtlichen Erwachsenenvertreters. Der oder die Vorsorgebevollmächtigte wird jedoch nur in eingeschränktem Umfang vom Gericht überwacht.
- Eine Person, die aufgrund einer psychischen Krankheit oder einer vergleichbaren Beeinträchtigung keine Vorsorgevollmacht mehr errichten kann, aber noch fähig ist, die Bedeutung und Folgen einer Bevollmächtigung in Grundzügen zu verstehen, kann einen **Erwachsenenvertreter oder eine Erwachsenenvertreterin wählen**.
- Die **gesetzliche Erwachsenenvertretung** ermöglicht es den Angehörigen, ihren Verwandten zu helfen, wenn es keine Vorsorgevollmacht und keinen gewählten Erwachsenenvertreter gibt und die Bestellung eines gerichtlichen Erwachsenenvertreters nicht notwendig ist. Mit einer **Erwachsenenvertreter-Verfügung** kann man verfügen, wer Erwachsenenvertreter werden oder nicht werden soll.
- Wenn man nicht mehr für sich selbst handeln kann, kann das Gericht einen **gerichtlichen Erwachsenenvertreter** bestellen, der einen vertritt. Einem gerichtlichen Erwachsenenvertreter kann man keine Anweisungen erteilen. Was er darf, bestimmt das Gericht. Er wird vom Gericht überwacht.
- Die **Patientenverfügung** ist eine Anweisung an das ärztliche Personal, bestimmte medizinische Behandlungen nicht durchzuführen.
- Die **Sterbeverfügung** ist die Voraussetzung dafür, dass man in einer Apotheke ein Präparat erhält, mit dem man sein Leben selbst beenden kann.

In folgenden Gesetzen finden Sie die Grundlagen aller in diesem Buch besprochenen Themen:

- Die Erwachsenenvertretung und die Vorsorgevollmacht sind im **Allgemeinen Bürgerlichen Gesetzbuch** (ABGB) in den Paragrafen 239 bis 276 geregelt.
- Verfahrensrechtliche Bestimmungen zur Bestellung eines gerichtlichen Erwachsenenvertreters und zur gerichtlichen Überwachung der Erwachsenenvertreter finden sich in den Paragrafen 116a fortfolgende im **Außerstreitgesetz**.
- Die Sterbeverfügung ist im **Sterbeverfügungsgesetz** geregelt und
- die Patientenverfügung im **Patientenverfügungsgesetz**.

Sie finden die entsprechenden Gesetzestexte im Internet im Rechtsinformationssystem des Bundes unter www.ris.bka.gv.at.

Weiters finden Sie in diesem Buch zu vielen besprochenen Themen Adressen und weiterführende Links im Internet.

Wir hoffen, Ihnen mit diesem Ratgeber eine wertvolle Hilfe für ein selbstbestimmtes und würdevolles Leben mit auf den Weg gegeben zu haben.

Wien/Linz im April 2022 Alfred Veith / Michael Doschko

Kapitel 1:

Der Verlust der Entscheidungsfähigkeit und wie Sie vorsorgen können

Was ist die Entscheidungsfähigkeit und wofür braucht man sie? Welche Möglichkeiten bietet das österreichische Recht, mit dem Verlust der Entscheidungsfähigkeit umzugehen? Das folgende Kapitel beantwortet diese Fragen und gibt einen Überblick über den Inhalt dieses Buches.

Entscheidungsfähigkeit

Ein Mensch ist entscheidungsfähig, wenn er den Grund und die Bedeutung der vorzunehmenden Rechtshandlungen einsieht und in der Lage ist, den Willen nach dieser Einsicht bestimmen zu können. Zusätzlich muss die Fähigkeit vorhanden sein, sich „entsprechend" zu verhalten. Diese Fähigkeit fehlt etwa, wenn übermächtige Ängste daran hindern, seiner Einsicht und Willensbestimmung gemäß zu handeln.

Ob jemand entscheidungsfähig ist oder nicht, ist oftmals auch eine Frage der Unterstützung, die er oder sie zur Überwindung externer Barrieren (zB komplexe Texte, wenig Zeit für Aufklärung) erhält. Daher hat in die Beurteilung der Entscheidungsfähigkeit auch einzufließen, ob eine Person in ihren Fähigkeiten durch entsprechende Unterstützungsmaßnahmen mobilisiert werden kann.

Unterstützung kann insbesondere durch die Familie, andere nahestehende Personen, Pflegeeinrichtungen sowie soziale und psychosoziale Dienste oder Beratungsstellen gegeben werden.

Die Entscheidungsfähigkeit ist die Voraussetzung für die Handlungsfähigkeit und diese ist wiederum in verschiedene Gruppen unterteilt. Der für diesen Ratgeber wesentlichste Teilaspekt der Handlungsfähigkeit ist die sogenannte **Geschäftsfähigkeit**. Dies ist die Fähigkeit, seine Angelegenheiten durch Rechtsgeschäfte selbst regeln zu können. Die volle Geschäftsfähigkeit erlangt man in Österreich mit dem **18. Geburtstag**. Ab diesem Tag darf man grundsätzlich alle Arten von Verträgen selbst abschließen und kündigen, ohne dass die Genehmigung eines Gerichts oder einer anderen Person notwendig wäre.

Die Entscheidungsfähigkeit ist auch die Voraussetzung dafür, dass man einer medizinischen Behandlung zustimmen, sowie eine Patienten- oder eine Sterbeverfügung errichten, kann.

Verlust der Geschäftsfähigkeit

Durch den medizinischen Fortschritt steigt die Lebenserwartung der Menschen kontinuierlich an. Manche Menschen sind im hohen Alter geistig nicht mehr in der Lage, ihre Angelegenheiten selbst zu regeln. Das betrifft Privatpersonen genauso wie Unternehmerinnen und Unternehmer, an deren Gesundheit das Schicksal vieler Arbeitsplätze hängen kann. Auch ein Unfall oder eine unvorhergesehene Krankheit können dazu führen, dass einem Menschen plötzlich die vom Gesetz geforderte Geschäftsfähigkeit fehlt.

Dann erlaubt unsere Rechtsordnung dem oder der davon Betroffenen nicht mehr, selbstständig Verträge abzuschließen, Verpflichtungen einzugehen oder sonstige Rechtshandlungen durchzuführen. Diese Einschränkung ist zum Schutz der betroffenen Personen selbst notwendig, weil diese die Folgen ihres Handelns unter Umständen nicht mehr richtig einschätzen können und daher die Gefahr besteht, dass sie sich selbst schaden. Man nennt diesen Zustand **Geschäftsunfähigkeit** oder **mangelnde Geschäftsfähigkeit.** Völlig Geschäftsunfähige können grundsätzlich keine Verträge mehr abschließen.

BEISPIELE

- → Geschäftsunfähige können keine Mietverträge mehr abschließen.
- → Geschäftsunfähige können ihre Anteile an einem Unternehmen nicht verkaufen und zwar auch dann nicht, wenn das Unternehmen schon lange keine Gewinne mehr erwirtschaftet und ein Verkauf sinnvoll wäre!
- → Geschäftsunfähige können keine größeren Überweisungen durchführen oder Daueraufträge ändern.
- → In diesem Zustand können völlig Geschäftsunfähige auch keine Person mehr bestimmen (bevollmächtigen), die für sie Entscheidungen treffen darf.

Das Einzige, was das Gesetz auch im Zustand der vollen Geschäftsunfähigkeit noch erlaubt, sind Rechtsgeschäfte des täglichen Lebens, die die Lebensverhältnisse der geschäftsunfähigen Person nicht übersteigen (siehe unten). Darunter fällt zB der Kauf von Lebensmitteln. In diesen Fällen wird das Geschäft mit der Erfüllung der den Geschäftsunfähigen treffenden Pflichten rückwirkend rechtswirksam.

BEISPIEL

Der geschäftsunfähige Pensionist Walter Müller kauft sich beim Fleischer eine Wurstsemmel. Mit der Zahlung des Kaufpreises durch Herrn Müller wird das „Geschäft" rückwirkend rechtswirksam.

Die Geschäftsunfähigkeit kann sich aber auch nur auf einzelne Lebensbereiche beziehen.

BEISPIEL

Peter Hiebler leidet an einer leichten geistigen Beeinträchtigung. Er kann einfache Zusammenhänge durchaus noch verstehen, ist aber als Erbe in ein kompliziertes Verlassenschaftsverfahren verwickelt, dessen vielfältige Fragen ihn überfordern.

Folge: Für Herrn Hiebler kann ein gerichtlicher, gesetzlicher oder gewählter Erwachsenenvertreter tätig werden, dessen Wirkungsbereich die Vertretung in dem Verlassenschaftsverfahren umfasst.

Rechtsgeschäfte des täglichen Lebens

Schließt eine volljährige Person, die nicht entscheidungsfähig ist,

- ➜ ein Rechtsgeschäft des täglichen Lebens,
- ➜ das ihre Lebensverhältnisse nicht übersteigt,

so wird dieses grundsätzlich mit der Erfüllung der sie treffenden Pflichten rückwirkend rechtswirksam. Das Gericht kann jedoch im Bereich der gerichtlichen Erwachsenenvertretung anordnen, dass bestimmte Rechtsgeschäfte nur wirksam sind, wenn der gerichtliche Erwachsenenvertreter oder auch das Gericht zustimmt.

Ein Rechtsgeschäft des täglichen Lebens ist alles, was die Bewältigung des Alltags gewöhnlich mit sich bringt. Darunter fallen laut Gesetzgeber beispielsweise:

- ➜ der Kauf von Lebensmitteln,
- ➜ Kinobesuche,

- die Reparatur einer Waschmaschine,
- der Kauf von Heizöl,
- der Kauf von kleineren Einrichtungsgegenständen, einschließlich Montage,
- die Anschaffung persönlicher Kleidungsstücke für die Betroffenen,
- die Übernahme von Krankheitskosten,
- die Buchung eines Urlaubs oder kurzzeitigen Rehabilitationsaufenthalts in einem Heim.

Ein weiterer Anhaltspunkt für ein Rechtsgeschäft des täglichen Lebens ist, wie oft das Geschäft bisher vorkam. Rechtsgeschäfte, die der Betroffene regelmäßig vornahm, als er noch gesund war, werden eher zum Alltag dieser Person gehören.

Bei der Beurteilung der Frage, ob ein Geschäft zum täglichen Leben einer Person gehört, ist auch deren Einkommen zu berücksichtigen. Für Personen mit hohem Einkommen werden auch kostspieligere Anschaffungen, wie beispielsweise teure Kleidungsstücke, eher zum Alltag gehören als zum Alltag einer Person mit geringem Einkommen.

Vorsorge für den Fall der Entscheidungs- und Geschäftsunfähigkeit - Das Viersäulenmodell

Das Gesetz sieht nunmehr im Rahmen eines Viersäulenmodells mehrere Möglichkeiten vor, wie für den Fall der Entscheidungs- bzw. Geschäftsunfähigkeit vorgesorgt werden kann:

Zunächst ist es jemandem, der noch bei voller geistiger Gesundheit ist, unbenommen, im Rahmen einer **Vorsorgevollmacht** eine Person auszuwählen, der eine genau geregelte Vollmacht für notwendige Vertretungshandlungen im Falle einer Entscheidungs- und Geschäftsunfähigkeit übertragen wird.

Personen, die bereits beeinträchtigt sind und daher keine umfassende Vorsorgevollmacht mehr erteilen können, steht die **gewählte Erwachsenenvertretung** zur Verfügung. Hier ist es möglich, eine Person eigener Wahl zu seiner Vertreterin zu bestellen. Grundvoraussetzung ist aber, dass zumindest die Tatsache der Vollmachtserteilung noch verstanden wird. Ein genaues Verständnis für Einzelheiten der Vertretungsmacht ist hier nicht mehr erforderlich.

Wenn man jedoch nicht mehr in der Lage ist, eine Vorsorgevollmacht zu errichten oder einen Erwachsenenvertreter zu wählen, können nächste Angehörige die **gesetzliche Erwachsenenvertretung** wahrnehmen. Derjenige aus dem Kreis der nächsten Angehörigen, der dies unter Vorlage der nötigen Dokumente beantragt, wird als Vertreter der betroffenen Person im Österreichischen Zentralen Vertretungsverzeichnis eingetragen.

Für Geschäftsunfähige, die keine Angehörigen haben, deren Angehörige eine gesetzliche Erwachsenenvertretung nicht wahrnehmen wollen oder können und die nicht über ausreichend Entscheidungsfähigkeit verfügen, um eine Erwachsenenvertreterin zu wählen oder einen Vorsorgebevollmächtigten zu beauftragen, kann schließlich ein **gerichtlicher Erwachsenenvertreter** bestellt werden.

Der Betroffene selbst oder jede andere Person (Arzt, Angehörige etc) können die Bestellung eines gerichtlichen Erwachsenenvertreters beim zuständigen **Pflegschaftsgericht** anregen. Die Pflegschaftsgerichtsbarkeit wird in Österreich von den Bezirksgerichten ausgeübt; diese bieten (meistens am Dienstagvormittag) einen sogenannten Amtstag an. Am Amtstag kann die Bevölkerung bei Gericht Informationen einholen und mit den Richterinnen und Richtern sprechen. Dabei kann man einerseits die Bestellung eines gerichtlichen Erwachsenenvertreters anregen und sich andererseits beraten lassen. Auch eine formlose schriftliche Eingabe ist möglich.

Im Bereich der Personen- und Vermögenssorge ist grundsätzlich jenes Bezirksgericht örtlich zuständig, in dessen Sprengel die betroffene Person ihren gewöhnlichen Aufenthalt hat.

HINWEIS

Ein Link zur Liste der Österreichischen Bezirksgerichte befindet sich im Serviceteil.

Ein Verfahren zur Bestellung einer gerichtlichen Erwachsenenvertreterin wird eingeleitet, wenn das Pflegschaftsgericht davon erfährt, dass eine bestimmte Person („betroffene Person“) einen gerichtlichen Erwachsenenvertreter benötigen könnte. Wie schon erwähnt, kann grundsätzlich jeder die Bestellung eines gerichtlichen Erwachsenenvertreters anregen, eine allfällige Bestellung erfolgt sodann von Amts wegen. Die Bestellung eines gerichtlichen Erwachsenenvertreters **beantragen** kann jedoch nur die betroffene Person selbst.

Im Bereich der „Personen- und Vermögenssorge" muss das Gericht von Amts wegen tätig werden. Das heißt, das Gericht hat, ohne dass ein Antrag notwendig ist, ein Verfahren zur Bestellung eines gerichtlichen Erwachsenenvertreters einzuleiten, sobald es Kenntnis davon erlangt, dass eine Person einen Vertreter benötigen könnte.

Bevor das Gericht eine gerichtliche Erwachsenenvertreterin bestellen darf, ist folgendes Verfahren einzuhalten:

→ Liegen konkrete und begründete Anhaltspunkte für die Notwendigkeit der Bestellung eines gerichtlichen Erwachsenenvertreters vor, so hat das Gericht zunächst einen **Erwachsenenschutzverein** mit der Abklärung zu beauftragen.

HINWEIS

Kontaktdaten von Erwachsenenschutzvereinen finden Sie im Serviceteil. Diese bieten meist auch weitergehende Beratung der Betroffenen im Zusammenhang mit der Erwachsenenvertretung an.

→ Setzt das Gericht das Verfahren fort, so hat es sich einen persönlichen Eindruck von der vom Verfahren betroffenen Person zu verschaffen. Dies ist die sogenannte **Erstanhörung**. Dabei hat das Gericht die betroffene Person über den Grund und Zweck des Verfahrens, die Aufgaben eines Rechtsbeistands im Verfahren und die Möglichkeit, einen solchen selbst zu wählen, zu unterrichten und Gelegenheit zur Stellungnahme zu geben.

→ Ist das Verfahren aufgrund der Ergebnisse der Erstanhörung fortzusetzen, so hat das Gericht für einen Rechtsbeistand der betroffenen Person im Verfahren zu sorgen. Hat die betroffene Person keinen geeigneten gesetzlichen oder selbstgewählten Vertreter, so hat das Gericht für sie mit sofortiger

Wirksamkeit einen Vertreter oder eine Vertreterin für das Verfahren zu bestellen. Er oder sie ist zu entheben, sobald die betroffene Person einen anderen geeigneten Vertreter gewählt und dem Gericht bekannt gegeben hat.

Im Gegensatz zur früheren Rechtslage sind eine mündliche Verhandlung und die Untersuchung der betroffenen Person durch einen Sachverständigen nicht mehr in jedem Fall erforderlich. Sowohl die mündliche Verhandlung als auch eine Untersuchung durch einen **Sachverständigen** finden nur mehr statt, wenn es das Gericht für erforderlich hält oder wenn es von der betroffenen Person beantragt wird.

Sofern **dringende Angelegenheiten** zu besorgen sind, kann das Gericht auch schon vor Abschluss des Verfahrens einen **einstweiligen Erwachsenenvertreter** für die Besorgung dieser Angelegenheiten bestellen.

Ansonsten wird – wenn dies erforderlich ist – am Ende des Verfahrens der gerichtliche Erwachsenenvertreter mit Gerichtsbeschluss bestellt. In diesem Beschluss ist der Wirkungsbereich der Erwachsenenvertreterin genau zu beschreiben, denn eine gerichtliche Erwachsenenvertreterin darf nur für **einzelne oder Arten von gegenwärtig zu besorgenden und bestimmt zu bezeichnenden Angelegenheiten** bestellt werden. Eine pauschale Bestellung für alle Angelegenheiten sieht das Gesetz nicht vor. Eine Bestellung für zukünftig vielleicht notwendige Angelegenheiten ist ebenso wenig möglich. Dies kann eine Vielzahl von gerichtlichen Änderungsbeschlüssen verursachen, weil das Gericht die Befugnisse des gerichtlichen Erwachsenenvertreters laufend an geänderte Umstände anpassen muss.

Nach Erledigung der übertragenen Angelegenheit(en) ist die gerichtliche Erwachsenenvertretung einzuschränken oder zu beenden. Darauf hat die Erwachsenenvertreterin unverzüglich bei Gericht hinzuwirken.

Nach der Bestellung eines gerichtlichen Erwachsenenvertreters ist das Gericht wiederum verpflichtet, den gerichtlichen Erwachsenenvertreter zu überwachen.

Man kann sich vorstellen, dass ein solches Verfahren nicht nur einen großen Arbeitsaufwand für alle Beteiligten bedeutet, sondern auch kostenintensiv ist. Allfällige Sachverständige und der gerichtliche Erwachsenenvertreter haben alle einen Anspruch auf Entlohnung für ihre Tätigkeit. Zahlungspflichtig ist grundsätzlich die betroffene Person selbst.

Die Bestellung einer gerichtlichen Erwachsenenvertreterin ist seit 1.7.2018 im Vergleich zur davor geltenden Rechtslage kein starker Eingriff in das **Selbstbestimmungsrecht** eines Menschen mehr. In allen Bereichen, für die ein gerichtlicher Erwachsenenvertreter bestellt ist, kann der oder die Geschäftsunfähige nämlich bei ausreichender Entscheidungsfähigkeit grundsätzlich auch alleine entscheiden, was passieren soll. Es kommt dabei darauf an, ob im Einzelfall die notwendige Geschäftsfähigkeit oder Entscheidungsfähigkeit vorliegt.

HINWEIS

Nach dem früher geltenden Recht konnte eine Person, für die ein sogenannter „Sachwalter" bestellt wurde, in allen Bereichen, für die der Sachwalter zuständig war, keine Geschäfte mehr ohne Zustimmung des Sachwalters abschließen. Es war früher unerheblich, ob die betroffene Person im Einzelfall vielleicht doch geschäftsfähig war. Die Bestellung eines Sachwalters erfolgte früher außerdem auf unbestimmte Zeit. Sachwalter hatten früher nicht immer nur genau bezeichnete Aufgaben. Sie konnten auch für „sämtliche Angelegenheiten" bestellt werden. Daher war das früher geltende Sachwalterrecht ein starker Eingriff in das Selbstbestimmungsrecht eines Menschen.

Soweit dies zur Abwendung einer ernstlichen und erheblichen Gefahr für die vertretene Person erforderlich ist, hat das Gericht im Wirkungsbereich der gerichtlichen Erwachsenenvertretung anzuordnen, dass die Wirksamkeit bestimmter rechtsgeschäftlicher Handlungen der vertretenen Person die **Genehmigung des Erwachsenenvertreters** und in bestimmten Fällen auch jene des **Gerichts** voraussetzt. Dies nennt das Gesetz einen **Genehmigungsvorbehalt**.

Das Gericht ist zwar verpflichtet, in erster Linie der betroffenen Person nahestehende Personen zu gerichtlichen Erwachsenenvertretern zu bestellen, diese können jedoch nicht gezwungen werden, die Erwachsenenvertretung zu übernehmen. Im Extremfall kann es daher vorkommen, dass die betroffene Person ihren gerichtlichen Erwachsenenvertreter vorher noch nie gesehen hat. Wenn es keine geeigneten nahestehenden Personen gibt, hat das Gericht die gerichtliche Erwachsenenvertretung einem Erwachsenenschutzverein, und wenn auch dies nicht in Betracht kommt, einem Notar oder einer Rechtsanwältin zu übertragen.

Die Bundesministerin für Justiz hat die Eignung eines Vereins, als Erwachsenenschutzverein tätig zu werden, mit Verordnung festzustellen, soweit noch kein Verein für einen bestimmten sachlichen und räumlichen Tätigkeitsbereich zuständig ist.

Vorsorgevollmacht, Erwachsenenvertretung, Sterbe- und Patientenverfügung

Um die Gerichte zu entlasten, aber auch um die Selbstbestimmung in größerem Umfang zu ermöglichen, hat der Gesetzgeber in den letzten Jahren mehrere Instrumente geschaffen:

➜ Mit einer **Vorsorgevollmacht** kann man einer Person des Vertrauens die Vertretungsbefugnis für bestimmte Angelegenheiten für den Fall der eigenen Geschäftsunfähigkeit übertragen. Damit ist die Bestellung eines gerichtlichen Erwachsenenvertreters nicht oder zumindest nicht sofort notwendig. Die Vorsorgevollmacht bewirkt einerseits, dass die betroffene Person von einem Menschen ihres Vertrauens vertreten wird, andererseits aber auch eine Entlastung der Gerichte.

BEISPIEL

Klaus Huber kommt zu einem ersten Beratungsgespräch in die Kanzlei des Notars. Er erklärt, dass er fürchte, aufgrund einer bereits bestehenden Erkrankung in naher Zukunft geschäfts- und entscheidungsunfähig zu werden. Er wolle nicht, dass eine ihm unbekannte Person sein Vertreter wird, sondern sein bester Freund Hannes Eder. Der Notar schlägt Herrn Huber die Errichtung einer Vorsorgevollmacht zu Gunsten des Herrn Eder vor.

➜ **Gewählter Erwachsenenvertreter:** Soweit eine volljährige Person ihre Angelegenheiten aufgrund einer psychischen Krankheit oder einer vergleichbaren Beeinträchtigung ihrer Entscheidungsfähigkeit nicht für sich selbst besorgen kann, dafür keinen Vertreter hat und eine Vorsorgevollmacht nicht mehr errichten kann, aber noch fähig ist, die Bedeutung und Folgen einer Bevollmächtigung in Grundzügen zu verstehen, ihren Willen danach zu bestimmen und sich entsprechend zu verhalten, kann sie eine oder mehrere ihr nahestehende Personen als Erwachsenenvertreter zur Besorgung dieser Angelegenheiten auswählen.

- ➜ Wenn eine Erwachsenenvertretin tätig werden muss, kann man durch die ebenfalls eingeführte **Erwachsenenvertreterverfügung** eine bestimmte Person zum Erwachsenenvertreter bestellen. Mit einer solchen Verfügung kann man auch bestimmte Personen als Erwachsenenvertreter ablehnen.
- ➜ Die **gesetzliche Erwachsenenvertretung** ermöglicht es schließlich, dass nahe Angehörige ihre Verwandten in bestimmten Angelegenheiten vertreten können, auch wenn keine Vorsorgevollmacht vorliegt oder der oder die Geschäftsunfähige überhaupt keine vertretungsrechtliche Vorsorge getroffen hat.
- ➜ 2006 hat der Gesetzgeber darüber hinaus die **Patientenverfügung** geschaffen. Darin kann der Patient auch Jahre vor einer Erkrankung bestimmen, dass bestimmte Behandlungen *nicht* durchgeführt werden sollen. Wenn alle Formvorschriften über die Errichtung einer Patientenverfügung eingehalten wurden, ist sie für den behandelnden Arzt verbindlich. Das heißt, der Arzt hat sich auch dann daran zu halten, wenn die Patientin dadurch stirbt.
- ➜ Seit 1.1.2022 kann man eine **Sterbeverfügung** errichten, wenn man an einer schweren Krankheit leidet und sein Leben selbst beenden möchte. Nach Errichtung der Sterbeverfügung erhält man in einer Apotheke ein lebensbeendendes Präparat und allenfalls Begleitmedikation. Die Einnahme des Präparats muss durch die sterbewillige Person selbst erfolgen.

Vollmacht und Stellvertretung

Die volle Geschäftsfähigkeit beginnt in Österreich in der Regel mit dem 18. Geburtstag. In der Zeit davor vertreten die Eltern ihre Kinder im Rahmen der Obsorge und schließen beispielsweise Verträge für diese ab. Man nennt diesen Vorgang **Stellvertretung.**

BEISPIEL

Eine Mutter eröffnet ein Sparbuch im Namen ihres Kindes, um darauf Geld einzuzahlen.

Die Berechtigung der Eltern, das Kind rechtsgeschäftlich zu vertreten, nennt man Vertretungsmacht. Sie wird den Eltern direkt vom Gesetzgeber erteilt. Für erwachsene Menschen war bis vor einigen Jahren eine solche automatisch vom Gesetz erteilte Vertretungsmacht an andere Personen nicht vorgesehen. Sie ist auch nicht notwendig, so lange ein erwachsener Mensch geschäftsfähig ist.

Anders als die gesetzliche Vertretungsmacht, die für bestimmte Personengruppen und Fälle gesetzlich geregelt ist, kann eine geschäftsfähige Person auch durch eigene Willenserklärung einer anderen Person Vertretungsmacht einräumen. Eine solche – rechtsgeschäftlich erteilte – Vertretungsmacht nennt man **Vollmacht**. Die Vollmacht betrifft dabei das Außenverhältnis, also das, was der oder die Bevollmächtigte nach außen hin für den Vollmachtgeber tun kann. Im Innenverhältnis besteht zwischen Vollmachtgeberin und Vollmachtnehmer meistens ein **Auftragsverhältnis**; die Vollmachtgeberin beauftragt den Vollmachtnehmer, gewisse Dinge für sie zu erledigen.

Der Inhalt eines „Auftrags" im juristischen Sinn besteht immer darin, Rechtshandlungen für einen anderen auszuführen. Rechtshandlungen können sein:

- Abschluss und Kündigung von Verträgen
- Vertretung in Prozessen
- Anträge bei Behörden
- usw

Nimmt der Bevollmächtigte den Auftrag an, so hat er ihn auch auszuführen (Tätigkeitspflicht). Der Vollmachtgeber kann statt einem Auftrag auch eine „Ermächtigung" erteilen. Dann kann der Bevollmächtigte tätig werden, er muss es aber nicht.

Da sowohl die gesetzliche und die gewählte Erwachsenenvertretung als auch die Vorsorgevollmacht auf dem Prinzip der Stellvertretung aufbauen, wird dieses Prinzip hier kurz erklärt.

Ablauf der Stellvertretung

Wenn es zu einer Stellvertretung kommt, sind immer mindestens drei Personen beteiligt:

- der oder die Vertretene („Vollmachtgeber/in“)
- der oder die Vertretende („Bevollmächtigte/r“) und
- der oder die „Dritte“.

Der Dritte ist der Vertragspartner, mit dem der Vollmachtgeber einen Vertrag abschließen will.

BEISPIEL

Kurt Bauer sagt zu seinem Freund Werner Tschach: „Geh bitte zum Händler und kaufe dort in meinem Namen ein rotes Auto um 10.000 Euro.“

In diesem Beispiel ist Kurt Bauer der Vollmachtgeber, Werner Tschach der Bevollmächtigte und der Autohändler der Dritte. Mit dem obigen Satz wurden Herrn Tschach die **Vollmacht (Außenverhältnis)** und auch der **Auftrag (Innenverhältnis)** erteilt, im Namen von Herrn Bauer ein Auto zu kaufen. Das Vorliegen einer Vollmacht ist die erste wichtige Voraussetzung dafür, dass ein Vertrag zwischen Kurt Bauer und dem Autohändler zustande kommen kann.

Eine weitere Voraussetzung für eine wirksame Stellvertretung ist, dass der Bevollmächtigte **offenlegt**, dass er in fremdem Namen handelt. Wenn Werner Tschach zum Händler geht und das Auto kauft, ohne dazu zu sagen, dass er es im Namen seines Freundes Kurt Bauer kauft, kommt der Kaufvertrag zwischen Herrn Tschach und dem Händler zustande. Dadurch wird Werner Tschach Eigentümer des Autos. Damit der Autohändler seinen Vertragspartner kennt, muss Herr Tschach ihm mitteilen, dass er im Namen von Kurt

Bauer handelt und das Auto für ihn kauft. Nur unter dieser Voraussetzung kommt der Kaufvertrag zwischen Herrn Bauer und dem Händler zustande und Kurt Bauer wird Eigentümer des Autos.

HINWEIS

Wenn man Inhaber einer Vorsorgevollmacht oder gesetzlicher oder gewählter Erwachsenenvertreter ist und diese Befugnis nutzen will, sollte man den Vertragspartnern und Behörden immer mitteilen, dass man im Namen einer anderen Person handelt. Beispielsweise wenn man Anträge an eine Behörde stellt (zB einen Antrag auf Pflegegeld) oder Verträge in fremdem Namen unterschreibt. Dieser Umstand sollte auch unbedingt im Antrag oder Vertrag selbst festgehalten werden. Zum Beispiel durch das Kürzel „i.V." (in Vertretung) vor der Unterschrift des Vertreters.

Die **Voraussetzungen** für eine wirksame Stellvertretung sind also:

- das Vorliegen einer ausreichenden Vertretungsmacht sowie
- die Offenlegung der Stellvertretung.

Grafisch sieht eine Stellvertretung im obigen Beispiel wie folgt aus:

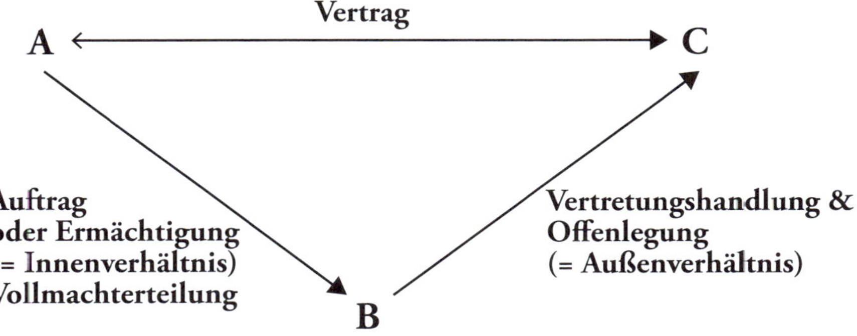

Diese Grafik verdeutlicht den Vorteil der Stellvertretung: Obwohl A und C sich niemals getroffen oder miteinander gesprochen haben, kommt durch die Vertretungshandlung des B ein Vertrag zwischen A und C zustande.

Inhaber einer Vorsorgevollmacht oder gesetzliche oder gewählte Erwachsenenvertreter können auf die gleiche Weise die von ihnen vertretene Person berechtigen oder verpflichten.

Fehler bei der Vertretung

Eine wichtige Voraussetzung für das Zustandekommen einer wirksamen Stellvertretung und damit eines Vertrags ist, dass der Bevollmächtigte seine **Vollmacht nicht überschreitet**.

BEISPIEL (VARIANTE)

Werner Tschach sagt irrtümlich zum Autohändler: „Ich soll für meinen Freund Kurt Bauer ein rotes Motorrad kaufen."

Der Kauf eines Motorrades ist in unserem Beispiel nicht von der Vollmacht gedeckt. In diesem Fall kommt unter Umständen gar kein Vertrag zustande. Für Herrn Tschach ist die Sache noch schlimmer. Er muss unter Umständen **Ersatz** leisten und für alle Kosten aufkommen, die dem Händler dadurch entstehen, dass er auf die Informationen von Herrn Tschach vertraut hat (wenn der Irrtum nicht rechtzeitig aufgeklärt wurde).

BEISPIEL (VARIANTE)

Noch bevor Herr Tschach den Irrtum aufklären kann, liefert der Händler Kurt Bauer das rote Motorrad. Der Händler zahlt für die Lieferung an Kurt Bauer 500 Euro.

In diesem Fall müsste Werner Tschach für die Lieferkosten aufkommen, wenn Kurt Bauer das rote Motorrad nicht annimmt. Wenn Herr Bauer jedoch seine Meinung ändert und ihm das rote Motorrad doch gefällt, kann er es annehmen und den Vertrag dadurch genehmigen. In diesem Fall kommt der Vertrag zwischen Herrn Bauer und dem Händler doch zustande und Herr Tschach muss keinen Schadenersatz leisten, weil jeder das bekommt, was vereinbart ist.

HINWEIS

Hat der Vertretene (in unserem Beispiel: Kurt Bauer) in der Zwischenzeit die Geschäftsfähigkeit verloren, so könnte er die falsche Lieferung (in unserem Fall: das Motorrad) gar nicht mehr genehmigen. Denn die Geschäftsfähigkeit ist die Voraussetzung für den Abschluss eines Vertrags.

Als Inhaberin einer Vorsorgevollmacht und als gesetzlicher oder gewählter Erwachsenenvertreter sollte man sich daher genau darüber informieren, zu welchen Vertretungshandlungen man berechtigt ist. Es kann sehr unangenehm sein, wenn sich erst später herausstellt, dass eine Vertretungshandlung unwirksam war. In so einer Situation ist der Vertrag unter Umständen rückabzuwickeln, was mit hohen Kosten verbunden sein kann.

Wenn dem Vollmachtgeber oder der Dritten durch eine unwirksame Vertretungshandlung ein Schaden entsteht, ist dieser unter Umständen vom Bevollmächtigten – also vom Inhaber der (nicht ausreichenden) Vertretungsmacht – zu ersetzen.

Da der im Rahmen einer Vorsorgevollmacht Vertretene in der Regel gerade nicht mehr in der Lage ist, selbst Geschäfte abzuschließen, kann er eine die Vollmacht überschreitende Handlung auch nicht genehmigen.

Vertretungsfeindliche Rechtsgeschäfte

Es gibt bestimmte Rechtshandlungen, die man nur **höchstpersönlich** vornehmen kann, damit sie gültig sind. Bei diesen Geschäften kann man sich nicht durch andere Personen vertreten lassen. Man nennt sie daher vertretungsfeindliche Rechtsgeschäfte.

Vertretungsfeindlich ist beispielsweise:

- die Errichtung einer letztwilligen Verfügung (zB Testament)
- die Errichtung einer Vorsorgevollmacht
- die Errichtung einer Patientenverfügung
- die Errichtung einer Sterbeverfügung
- die Eheschließung

Alle diese Handlungen können daher niemals Gegenstand einer (Vorsorge-) Vollmacht sein. Sie können auch nicht von einem Erwachsenenvertreter durchgeführt werden.

Kapitel 2:

Rechte und Pflichten der Vertreterinnen und Vertreter

Dieses Kapitel klärt, welche Rechte und Pflichten ein Vertreter bzw eine Vertreterin hat. Unter anderem werden folgende Fragen beantwortet: Muss der Vertreter persönlichen Kontakt zur betroffenen Person haben? Hat er einen Entgelt- oder Aufwandersatzanspruch? Wem gegenüber darf die Vertreterin Informationen preisgeben? Wie viele Vertretungen dürfen von einer Person übernommen werden?

Informations- und Unterstützungspflichten

Ein Vorsorgebevollmächtigter oder Erwachsenenvertreter hat danach zu trachten, dass die vertretene Person im Rahmen ihrer Fähigkeiten und Möglichkeiten ihre **Lebensverhältnisse nach ihren Wünschen und Vorstellungen gestalten kann**, und sie soweit wie möglich in die Lage zu versetzen, ihre Angelegenheiten selbst zu besorgen.

Eine Vorsorgebevollmächtigte oder Erwachsenenvertreterin hat die vertretene Person von beabsichtigten, ihre Person oder ihr Vermögen betreffenden Entscheidungen rechtzeitig zu verständigen und ihr die Möglichkeit zu geben, sich dazu in angemessener Frist zu äußern. Die Äußerung der vertretenen Person ist zu berücksichtigen, es sei denn, ihr Wohl wäre hierdurch erheblich gefährdet.

Der Vertreter sollte die betroffene Person über Folgendes informieren:

- die Wahrnehmung der Vertretungsbefugnis,
- die Bereiche, in denen der Vertreter Vertretungshandlungen vornehmen will,
- das konkrete Rechtsgeschäft, wenn schon eines in Aussicht ist.

Ist eine **dringende Vertretungshandlung** notwendig und ein Aufschub nicht möglich, ist der Vertretene sofort nach Vornahme dieser Vertretungshandlung über die Wahrnehmung der Vertretungsbefugnis zu informieren. Wenn der Vertreter seinen Wirkungsbereich erweitert und Vertretungshandlungen in Bereichen setzen möchte, in denen er bisher nicht tätig war, hat er den Vertretenen darüber ebenfalls zu informieren. Das soll dem Entscheidungsunfähigen die Möglichkeit geben, der Vertretung zu widersprechen.

Wenn diese **Information unterlassen** wird, kann das unter Umständen ein Grund für die Einleitung eines Verfahrens zur Bestellung eines gerichtlichen Erwachsenenvertreters (oder dessen Änderung) sein, weil der Vertreter das Wohl der vertretenen Person nicht ausreichend berücksichtigt.

Vertretungspflicht

Für **Vorsorgebevollmächtigte** gilt, dass diese zur Ausübung der Vorsorgevollmacht grundsätzlich **verpflichtet** sind, wenn sie die Vollmacht angenommen haben. Dies kann zum Beispiel dadurch geschehen, dass sie auf der Urkunde, welche die Vorsorgevollmacht enthält, ebenfalls unterschreiben. Spätestens wenn sie die Vollmacht ausüben, haben sie die Vollmacht ebenfalls angenommen und zwar auch dann, wenn sie die Vollmachtsurkunde nicht unterschrieben haben.

Sollte die Vorsorgevollmacht trotzdem nicht ausgeübt werden, kann auch das Gericht eingreifen: Das Gericht hat die Beendigung der Vorsorgevollmacht (oder der gewählten oder gesetzlichen Erwachsenenvertretung) anzuordnen und erforderlichenfalls eine gerichtliche Erwachsenenvertreterin zu bestellen, wenn der Vertreter nicht oder pflichtwidrig tätig wird oder es sonst das Wohl der vertretenen Person erfordert.

Noch **nicht abschließend geklärt** ist die Frage, ob die **nächsten Angehörigen** eine Pflicht trifft, die gesetzliche Erwachsenenvertretung auszuüben. Manche Juristen leiten eine solche Pflicht zur Ausübung der Erwachsenenvertretung aus der familiären Beistandspflicht ab. Die Beistandspflicht besteht zwischen Ehegatten und eingetragenen Partnern sowie zwischen Eltern und Kindern. Lebensgefährten trifft nach überwiegender Auffassung keine Beistandspflicht. Zum Kreis der nächsten Angehörigen zählen jedoch auch Geschwister sowie Neffen und Nichten, bei denen wohl eine Beistandspflicht wie bei Eheleuten nicht angenommen werden kann.

Der Beistand ist nicht einklagbar. Eine grobe Verletzung der Beistandspflicht kann jedoch trotzdem nachteilige Folgen, wie zum Beispiel den Verlust des Erbrechts, nach sich ziehen, wenn sie beispielsweise auch einen Erbunwürdigkeitsgrund darstellt.

Verpflichtung zum Kontakt

Für die Tätigkeit als Vorsorgebevollmächtigter und Erwachsenenvertreter ist es unerlässlich, dass sich der Vertreter **regelmäßig** über die **Lebensverhältnisse** und die **Bedürfnisse** der vertretenen Person informiert. Zu diesem Zweck hat der Vertreter mit ihr **persönlichen Kontakt** zu halten.

Die Kontakte müssen so regelmäßig sein, dass sich die Vertreterin einen – bezogen auf die ihr übertragenen Aufgaben – laufenden Eindruck verschaffen kann. Die Verpflichtung wird im Regelfall durch persönliche Kontakte

(Besuche) wahrgenommen werden müssen; im Einzelfall können – soweit dies auch den Wünschen der vertretenen Person entspricht – Kontakte von geeigneten, sozialarbeiterisch geschulten Mitarbeitern der Vertreterin durchgeführt werden. Keinesfalls kann jedoch die Kontaktverpflichtung gänzlich delegiert werden. Jedenfalls muss die Vertreterin für die vertretene Person in einem **angemessenen Ausmaß erreichbar** sein (etwa durch regelmäßige Sprechzeiten).

Sofern dem Erwachsenenvertreter nicht ausschließlich Angelegenheiten übertragen worden sind, deren Besorgung vorwiegend Kenntnisse des Rechts oder der Vermögensverwaltung voraussetzen, soll der Kontakt mindestens einmal im Monat stattfinden.

Erlaubte Anzahl der Vertretungen

Eine Person darf nur so viele Vorsorgevollmachten und Erwachsenenvertretungen übernehmen, wie sie unter Bedachtnahme auf die damit verbundenen Pflichten, insbesondere jene zur persönlichen Kontaktaufnahme, **ordnungsgemäß besorgen kann**. Insgesamt darf eine Person nicht mehr als 15 Vorsorgevollmachten und Erwachsenenvertretungen übernehmen.

Ein **Erwachsenenschutzverein** darf auch mehr Vertretungen übernehmen, weil dieser seinerseits die Vertretungen auf einzelne Personen überträgt.

Ein **Notar bzw Notariatskandidat oder eine Rechtsanwältin bzw Rechtsanwaltsanwärterin** kann diese Anzahl ebenfalls überschreiten, wenn er oder sie aufrecht in der Liste von zur Übernahme von Vorsorgevollmachten und gerichtlichen Erwachsenenvertretungen besonders geeigneten Rechtsanwälten oder Notaren eingetragen ist.

Verschwiegenheitspflicht

In der Vergangenheit häuften sich laut Gesetzgeber die Beschwerden von Angehörigen, die sich vom (familienfremden) Sachwalter nicht angemessen über die Lebenssituation der vertretenen Person informiert fühlten.

Deshalb gilt zwar grundsätzlich, dass ein Vorsorgebevollmächtigter oder Erwachsenenvertreter, **außer gegenüber dem Pflegschaftsgericht**, zur Verschwiegenheit über alle ihm in Ausübung seiner Funktion anvertrauten oder bekannt gewordenen Tatsachen verpflichtet ist, **jedoch** hat ein Vorsorgebevollmächtigter oder Erwachsenenvertreter auf entsprechende Anfrage hin dem

- ➔ Ehegatten,
- ➔ eingetragenen Partner oder
- ➔ Lebensgefährten sowie
- ➔ den Eltern und
- ➔ Kindern

der vertretenen Person über

- ➔ **deren geistiges und körperliches Befinden** und deren
- ➔ **Wohnort** sowie
- ➔ über seinen **Wirkungsbereich** Auskunft zu erteilen.

Unter geistigem und körperlichem Befinden ist ein **allgemeiner Überblick** zu verstehen, detaillierte medizinische Daten sind nicht gemeint.

Wenn die vertretene Person etwas anderes verfügt hat oder zu erkennen gibt, dass sie eine solche Auskunftserteilung nicht will oder diese ihrem Wohl widerspricht, dann darf die Vertreterin keine Auskunft erteilen.

Eine Vorsorgebevollmächtigte oder Erwachsenenvertreterin ist weiters **nicht zur Verschwiegenheit verpflichtet, soweit**

- ➔ sie davon die insoweit entscheidungsfähige vertretene Person entbunden hat,
- ➔ die vertretene Person zur Offenlegung verpflichtet ist oder
- ➔ die Offenlegung zur Wahrung ihres Wohles erforderlich ist.

Bevor es zu einer **Entbindung von der Verschwiegenheitspflicht** kommen kann, wird freilich eine Besprechung zwischen der vertretenen Person und dem Vertreter stattfinden müssen. Die vertretene Person muss die Funktion der Verschwiegenheit und die Folgen der konkreten Entbindung beurteilen können. Die Entbindung ist nicht formgebunden, die Erklärung muss aber hinsichtlich der Tatsachen, auf die sie sich bezieht, bestimmt sein. Selbstverständlich kann die Entbindung von der vertretenen Person auch widerrufen werden.

Eine **Verpflichtung zur Offenlegung** liegt etwa der Abgabebehörde gegenüber vor, zum Beispiel hinsichtlich des Einkommens der vertretenen Person. Auch vertragliche Verpflichtungen sind denkbar, zB um Gewährleistungspflichten aus einem Vertrag zu vermeiden oder um Nebenpflichten aus einem Vertrag zu erfüllen.

Zur **Wahrung des Wohls** kann eine Offenlegung notwendig sein, etwa um soziale Leistungen für die vertretene Person zu erlangen.

Haftung und Aufwandersatz

Ein Vorsorgebevollmächtigter oder Erwachsenenvertreter haftet der vertretenen Person für jeden durch sein Verschulden verursachten Schaden. Das Gericht kann die Ersatzpflicht insoweit mäßigen oder ganz erlassen, als sie den Vertreter unter Berücksichtigung aller Umstände, insbesondere des Grades des Verschuldens oder seines besonderen Naheverhältnisses zur vertretenen Person, unbillig hart träfe.

Die zur zweckentsprechenden Ausübung der Vertretung notwendigen Barauslagen, die tatsächlichen Aufwendungen und die angemessenen Kosten einer zur Deckung der Haftung abgeschlossenen Haftpflichtversicherung sind der **gewählten** und **gesetzlichen Erwachsenenvertreterin** von der vertretenen Person zu erstatten, soweit sie nach gesetzlichen Vorschriften nicht unmittelbar von Dritten getragen werden; ist der einzelne Nachweis dem Erwachsenenvertreter nicht zumutbar, so ist ein angemessener Pauschalbetrag zu erstatten.

Barauslagen sind Zahlungen, die die Vertreterin für den Vertretenen vornimmt. Beispielsweise die Kosten einer Briefmarke, um einen Brief für den Vertretenen zu verschicken, oder die Kosten einer Fahrkarte, um den Vertretenen besuchen zu können.

Bemühung um Betreuung

Ein Erwachsenenvertreter ist nicht zur Betreuung der vertretenen Person verpflichtet. Ist sie aber nicht umfassend betreut, so hat er sich, **unabhängig von seinem Wirkungsbereich**, darum zu bemühen, dass ihr die gebotene medizinische und soziale Betreuung gewährt wird.

BEISPIEL

Maria Molnar ist nur eingeschränkt entscheidungsfähig. Sie hat sich Viktor Vernik als „gewählten Erwachsenenvertreter" ausgesucht. Als Wirkungsbereich hat Frau Molnar bestimmt, dass Herr Vernik ihre Einkäufe erledigen soll. Als Herr Vernik eines Tages die Wohnung von Frau Molnar betritt, stellt er fest, dass diese zunehmend verwahrlost.

Folge: Herr Vernik ist dazu verpflichtet, sich um eine umfassende Betreuung für Frau Molnar zu kümmern, auch wenn das nicht zu seinem Wirkungsbereich gehört.

Für Vorsorgebevollmächtigte gilt das nicht. Ihr Wirkungsbereich bestimmt sich nur nach der Vereinbarung.

Kapitel 3:

Auswahl und Dauer der Vertretung

Dieses Kapitel gibt Auskunft darüber, welche Personen als Vertreterinnen oder Vertreter geeignet sind, ob es eine Befristung der Vertretung gibt und wie eine Vertretung beendet werden kann.

Wer darf Vertreterin bzw Vertreter sein?

Als Vorsorgebevollmächtigte und Erwachsenenvertreter darf nicht eingesetzt werden, wer schutzberechtigt im Sinne des Gesetzes ist. Das sind Minderjährige und Personen, die aus einem anderen Grund als dem ihrer Minderjährigkeit alle oder einzelne ihrer Angelegenheiten selbst nicht besorgen können, weil ihnen etwa die Entscheidungsfähigkeit fehlt.

Als Vorsorgebevollmächtigter und Erwachsenenvertreterin darf außerdem nicht eingesetzt werden, wer eine dem Wohl der volljährigen Person förderliche Ausübung der Vertretung nicht erwarten lässt, etwa wegen einer strafgerichtlichen Verurteilung.

Dies ist bei der Vorsorgevollmacht zwar ein gewisser Eingriff in die Privatautonomie, der Vollmachtgeber ist ja im Zeitpunkt der Vollmachterrichtung voll handlungsfähig. Gerechtfertigt ist dies aber, weil die Vorsorgevollmacht gelten soll, wenn der Vorsorgefall eingetreten ist, und die vertretene Person dann kaum mehr in der Lage ist, den Bevollmächtigten zu kontrollieren.

HINWEIS

Privatautonomie nennt man die Freiheit, seine Angelegenheiten selbst regeln zu können. Die Privatautonomie wird eingeschränkt, wenn der Gesetzgeber den Abschluss bestimmter Verträge verbietet oder vorschreibt oder diese für unwirksam erklärt.

Aus demselben Grund ist es von besonderer Bedeutung, dass der Erwachsenenvertreter oder die Vorsorgebevollmächtigte keine Interessenskonflikte aufweist und unabhängig ist.

Der oder die Bevollmächtigte darf deshalb nicht in einem **Abhängigkeitsverhältnis** oder in einer anderen **engen Beziehung** zu einer Einrichtung stehen, in der sich die volljährige Person

- aufhält oder
- von der diese betreut wird.

Diese Voraussetzungen müssen zu jenem Zeitpunkt vorliegen, in dem die Vertretungsbefugnis des Erwachsenenvertreters oder der Vorsorgebevollmächtigten wirksam wird! Es ist daher wichtig, im Voraus zu planen und sich die Person des Bevollmächtigten genau auszusuchen.

BEISPIEL

Gerti Wallner erteilt Burkhart Wessely eine Vorsorgevollmacht. Nach einigen Jahren wird Herr Wessely Angestellter des Pflegeheims „Sonnenhof". Weil Frau Wallner Herrn Wessely vertraut, entschließt sie sich, in den „Sonnenhof" zu ziehen. Nach einigen weiteren Jahren verliert Gerti Wallner die Entscheidungsfähigkeit.

Folge: Die Bestellung von Burkhart Wessely zum Vorsorgebevollmächtigten ist unwirksam, weil er in dem Pflegeheim, in dem Frau Wallner untergebracht ist, arbeitet.

Im obigen Beispiel liegt höchstens eine **normale Vollmacht** vor. Die besonderen Bestimmungen über die Vorsorgevollmacht sind jedoch nicht anzuwenden.

Grundsätzlich kann jeder volljährigen und geschäftsfähigen Person eine **Vorsorgevollmacht** erteilt werden. Es ist sogar möglich, eine juristische Person zu bevollmächtigen.

HINWEIS

Juristische Personen sind beispielsweise Gesellschaften mit beschränkter Haftung (GmbH), Aktiengesellschaften (AG) und Vereine. Da die Erteilung einer Vorsorgevollmacht ein starkes Vertrauensverhältnis voraussetzt, kann eine juristische Person den Vollmachtgeber nicht in allen Angelegenheiten vertreten. Für Zustimmungen zu medizinischen Behandlungen und Entscheidungen über die Änderung des Wohnortes kann man juristische Personen daher nicht bevollmächtigen.

Bei der Bevollmächtigung von juristischen Personen ist es besonders wichtig, darauf zu achten, dass keine Interessenkonflikte vorliegen. Wenn der bevollmächtigte Verein beispielsweise das Pflegeheim betreibt, in dem die Vollmachtgeberin lebt, kommt keine wirksame Vorsorgevollmacht zustande.

Dass der Bevollmächtigte mit dem Vollmachtgeber in einem **gemeinsamen Haushalt** lebt, ist kein Ausschlussgrund. So kann naturgemäß zB der Ehegatte als Vorsorgebevollmächtigter eingesetzt werden.

In der Vorsorgevollmacht können auch **Ersatzbevollmächtigte** bestellt werden, die „einspringen", wenn der primär Bevollmächtigte seine Tätigkeit nicht ausüben kann oder will. In diesem Fall sollte in der Vorsorgevollmacht genau geregelt werden, unter welchen Umständen die Ersatzbevollmächtigung wirksam wird.

Eine Person darf **nur so viele Vorsorgevollmachten und Erwachsenenvertretungen übernehmen**, wie sie unter Bedachtnahme auf die damit verbundenen Pflichten, insbesondere jene zur persönlichen Kontaktaufnahme, ordnungsgemäß besorgen kann. Insgesamt darf eine Person – ausgenommen ein Erwachsenenschutzverein (§ 1 ErwSchVG) – **nicht mehr als 15 Vorsorgevollmachten und Erwachsenenvertretungen** übernehmen. Eine Notarin (Notariatskandidatin) oder ein Rechtsanwalt (Rechtsanwaltsanwärter) kann diese Anzahl überschreiten, wenn sie oder er aufrecht in der Liste von zur Übernahme von Vorsorgevollmachten und gerichtlichen Erwachsenenvertretungen besonders geeigneten Rechtsanwälten oder Notaren eingetragen ist.

Mehrere Erwachsenenvertreter können für eine Person nur mit jeweils unterschiedlichem Wirkungsbereich eingesetzt und im Österreichischen Zentralen Vertretungsverzeichnis eingetragen werden.

Änderung, Übertragung und Beendigung

Die Vertretungsbefugnis der Vorsorgebevollmächtigten oder des Erwachsenenvertreters **endet**

- ➜ mit dem **Tod** der vertretenen Person oder ihres Vertreters,
- ➜ durch gerichtliche Entscheidung,
- ➜ durch die Eintragung des **Widerrufs** oder der **Kündigung einer Vorsorgevollmacht** oder des **Wegfalls des Vorsorgefalls** im Österreichischen Zentralen Vertretungsverzeichnis,
- ➜ durch die Eintragung des **Widerrufs** oder der **Kündigung einer gewählten Erwachsenenvertretung** im Österreichischen Zentralen Vertretungsverzeichnis,

- bei einer **gesetzlichen Erwachsenenvertretung** durch die Eintragung des **Widerspruchs der vertretenen Person oder ihres Vertreters** im Österreichischen Zentralen Vertretungsverzeichnis oder mit dem Ablauf von drei Jahren, sofern sie nicht zuvor erneut eingetragen wird, oder
- bei einer gerichtlichen Erwachsenenvertretung spätestens mit dem Ablauf von drei Jahren nach Beschlussfassung erster Instanz über die Bestellung, sofern sie nicht erneuert wird; die Änderung oder Übertragung der Erwachsenenvertretung verlängert diese Frist nicht.

Für den Widerruf oder den Widerspruch der vertretenen Person genügt es, wenn sie **zu erkennen gibt**, dass sie nicht mehr vertreten sein will. Auf diese Möglichkeiten kann sie nicht verzichten. Die Eintragung des Widerrufs oder des Widerspruchs hat auf Verlangen der vertretenen Person oder ihrer Vertreterin zu erfolgen.

Durch das „Zu Erkennen Geben“ wird die Vertretungsmacht nicht von selbst aufgehoben, sondern es ist zusätzlich eine **Eintragung** im Österreichischen Zentralen Vertretungsverzeichnis notwendig. So lange diese Eintragung nicht erfolgt, besteht die Vertretungsbefugnis des Vorsorgebevollmächtigten oder der Erwachsenenvertreterin weiter.

Auch Änderungen in der Vertretung durch die Vorsorgebevollmächtigte oder den Erwachsenenvertreter werden erst mit der Eintragung im Österreichischen Zentralen Vertretungsverzeichnis wirksam.

Das Gericht hat die Beendigung der **Vorsorgevollmacht** oder der **gewählten** oder **gesetzlichen Erwachsenenvertretung** anzuordnen und erforderlichenfalls einen gerichtlichen Erwachsenenvertreter zu bestellen, wenn der Vertreter nicht oder pflichtwidrig tätig wird oder es sonst das Wohl der vertretenen Person erfordert.

Festzuhalten ist, dass die **gewählte** Erwachsenenvertretung im Gegensatz zur gesetzlichen und gerichtlichen Erwachsenenvertretung nicht nach Ablauf von drei Jahren erlischt.

Die **gerichtliche Erwachsenenvertretung** ist auch dann zu beenden oder einzuschränken, wenn die gerichtliche Erwachsenenvertreterin die übertragene Angelegenheit erledigt hat.

Nach einer Entscheidung des obersten Gerichtshofes hat das Gericht eine **gerichtliche Erwachsenenvertretung außerdem zu beenden**, wenn sich ein

Angehöriger dazu bereit erklärt und dafür geeignet ist, die Angelegenheiten als gesetzlicher Erwachsenenvertreter zu besorgen. Nach Beendigung der gerichtlichen Erwachsenenvertretung ist die Eintragung des Angehörigen als gesetzlicher Erwachsenenvertreter möglich. Die Beendigung der gerichtlichen Erwachsenenvertretung darf aber nicht zur Unzeit erfolgen. Das bedeutet, dass unaufschiebbare, dringende Vertretungshandlungen noch vom gerichtlichen Erwachsenenvertreter abzuschließen sind, bevor die gerichtliche Erwachsenenvertretung beendet werden darf.

Kapitel 4:

Personen- und Vermögenssorge

Das folgende Kapitel erörtert, in welchen Angelegenheiten einer betroffenen Person grundsätzlich eine Vertretung zulässig und ob die Vertretung einer Kontrolle unterworfen ist. Insbesondere werden gesundheitliche und vermögensrechtliche Angelegenheiten thematisiert.

Unter personenrechtlichen Angelegenheiten (oder: Personensorge) versteht das Gesetz Angelegenheiten, die in der **Persönlichkeit** der vertretenen Person oder deren **familiären Verhältnissen** gründen. Dazu gehören unter anderem Entscheidungen über den Namen der vertretenen Person, über den Wohnort, über medizinische Behandlungen und Vertretungshandlungen im Zusammenhang mit der Ehe. Beispielweise kann eine gesetzliche Vertreterin für den entscheidungsunfähigen Ehegatten die Nichtigkeit, Aufhebung oder Scheidung der Ehe beantragen, wenn es zur Wahrung des Wohls der vertretenen Person erforderlich ist.

Der Vertreter darf jedoch nur dann in personenrechtlichen Angelegenheiten tätig werden, wenn

- diese von seinem Wirkungsbereich umfasst sind,
- die vertretene Person nicht entscheidungsfähig ist,
- nach dem Gesetz eine Stellvertretung nicht jedenfalls ausgeschlossen ist. Eine Stellvertretung ist beispielsweise bei vertretungsfeindlichen Rechtsgeschäften (siehe Kapitel 1) ausgeschlossen.
- eine Vertretungshandlung zur Wahrung des Wohles der vertretenen Person erforderlich ist.

Widerspruch

Gibt die in personenrechtlichen Angelegenheiten vertretene Person zu erkennen, dass sie die geplante Vertretungshandlung ablehnt, so hat diese bei sonstiger Rechtsunwirksamkeit **zu unterbleiben**, es sei denn, das Wohl der vertretenen Person wäre sonst **erheblich gefährdet**. Es reicht dabei aus, dass die vertretene Person bloß zu erkennen gibt, dass sie die Vertretungshandlung ablehnt.

Eine erhebliche Gefährdung ist insbesondere dann anzunehmen, wenn die Existenzgrundlage der vertretenen Person gefährdet oder sie sonstigen schwerwiegenden Nachteilen ausgesetzt wäre. Dabei ist auch zu berücksichtigen, wie sich eine Vertretungshandlung auf die psychische Befindlichkeit der vertretenen Person auswirkt. Vertretungshandlungen, die trotz des „Vetos" der vertretenen Person und ohne entsprechende Gefährdung vorgenommen werden, sind rechtsunwirksam.

Gerichtliche Genehmigung

Bei wichtigen Themen der personenrechtlichen Angelegenheiten hat ein Erwachsenenvertreter (**nicht aber die Vorsorgebevollmächtigte**) die **Genehmigung des Gerichts** einzuholen, sofern nicht Gefahr im Verzug vorliegt.

Wichtige Angelegenheiten können sein:

- den Eintritt in eine Kirche oder Religionsgesellschaft und den Austritt aus einer solchen,
- die Übergabe in fremde Pflege,
- den Erwerb einer Staatsangehörigkeit oder den Verzicht auf eine solche,
- die vorzeitige Lösung eines Lehr-, Ausbildungs- oder Dienstvertrags und
- die Anerkennung der Vaterschaft zu einem unehelichen Kind sowie
- die dauerhafte Änderung des Wohnortes.

Obwohl ein **Vorsorgebevollmächtigter** grundsätzlich keine Genehmigung in personenrechtlichen Angelegenheiten braucht, muss er trotzdem eine gerichtliche Genehmigung einholen, wenn er den **Wohnort** der vertretenen Person dauerhaft ins Ausland verlegen möchte.

Erwachsenenvertreter müssen sich auch Vertretungshandlungen genehmigen lassen, sofern diese nicht zum **ordentlichen Wirtschaftsbereich** des oder der Vertretenen gehören. Siehe dazu den Abschnitt „Vermögenssorge“ weiter unten.

Wenn die Vertretene und der **Erwachsenenvertreter** oder die **Vorsorgebevollmächtigte** unterschiedlicher Meinung über eine medizinische Behandlung sind, hat das Gericht darüber zu entscheiden, ob eine Behandlung vorzunehmen ist oder nicht. Ebenso ist eine gerichtliche Genehmigung notwendig, wenn über eine Sterilisation oder die Teilnahme an einer medizinischen Forschung entschieden werden muss. Siehe dazu im Abschnitt „Medizinische Behandlungen“ weiter unten.

Recht auf persönliche Kontakte

Das Recht der vertretenen Person auf persönliche Kontakte zu anderen Personen sowie ihr Schriftverkehr dürfen vom **Vorsorgebevollmächtigten** oder der **Erwachsenenvertreterin** nur eingeschränkt werden, wenn sonst ihr Wohl erheblich gefährdet wäre.

Ist die vertretene Person entscheidungsfähig, so kann **nur sie selbst darüber bestimmen**, mit wem sie verkehrt. Dies auch dann, wenn der Vertreter insoweit vertretungsbefugt wäre. Fehlt es ihr an der nötigen Entscheidungsfähigkeit, um einzuschätzen, ob ihr der Kontakt mit bestimmten – zB gewalttätigen – Personen oder das Öffnen von Briefen solcher Personen guttut, so hat der Vertreter begrenzende Vertretungshandlungen nur insoweit zu setzen, als dadurch eine erhebliche Gefährdung des Wohls der vertretenen Person verhindert werden kann.

Medizinische Behandlungen

Bei entscheidungsfähigen Personen

In eine medizinische Behandlung kann eine volljährige Person, soweit sie entscheidungsfähig ist, nur selbst einwilligen. Eine medizinische Behandlung ist eine von einem Arzt oder auf seine Anordnung hin vorgenommene

- diagnostische,
- therapeutische,
- rehabilitative,
- krankheitsvorbeugende oder
- geburtshilfliche

Maßnahme an der volljährigen Person.

Hält die Ärztin eine volljährige Person für **nicht entscheidungsfähig**, so hat sie sich nachweislich um die **Beiziehung von**

- **Angehörigen**,
- **anderen nahestehenden Personen**,
- **Vertrauenspersonen** und
- im Umgang mit Menschen in solchen schwierigen Lebenslagen besonders geübten **Fachleuten**

zu bemühen, die die volljährige Person dabei unterstützen können, ihre Entscheidungsfähigkeit zu erlangen. Soweit sie aber zu erkennen gibt, dass sie mit der beabsichtigten Beiziehung anderer und der Weitergabe von medizinischen Informationen nicht einverstanden ist, hat der Arzt dies zu unterlassen.

Bei der Beiziehung dieser Personen liegt der Fokus darauf, den Patienten mit Hilfe dieser Personen, die ihn gut kennen, bzw mit Menschen, die mit solchen Situationen vertraut sind, in seiner Willensbildung zu mobilisieren. **Es geht hier also nicht darum, die Behandlungsentscheidung des Patienten zu ersetzen, sondern diese zu ermöglichen.**

Als „Angehörige" einer Patientin kommen hier nicht bloß die nächsten Angehörigen im Sinn der gesetzlichen Erwachsenenvertretung in Frage, sondern alle, die in einem direkten oder indirekten verwandtschaftlichen Verhältnis mit der entscheidungsunfähigen Person stehen.

Andere „nahestehende Personen" können etwa Mitbewohner eines Heims, Nachbarinnen oder Arbeitskollegen sein.

„Vertrauenspersonen" des Patienten können etwa in einer Vorsorgevollmacht, Erwachsenenvertreter-Verfügung oder Vereinbarung über eine gewählte Erwachsenenvertretung bezeichnete Personen sein.

„Besonders geübte Fachleute" verfügen etwa über Wissen und Erfahrung in der Begleitung von Menschen in schwierigen Lebenssituationen, wie etwa (auch ehrenamtliche) Hospizbegleiterinnen, Krankenhausseelsorger oder Mitarbeiterinnen von Besuchsdiensten.

Von einer Aufklärung der von der Behandlung betroffenen Person oder ihrer Unterstützung im oben beschriebenen Sinn ist abzusehen, wenn mit der damit einhergehenden Verzögerung eine **Gefährdung des Lebens, die Gefahr einer schweren Schädigung der Gesundheit oder starke Schmerzen** verbunden wären (man spricht von „Gefahr in Verzug").

Bei nicht entscheidungsfähigen Personen

Manchmal kann auch durch die Beiziehung von Personen keine Entscheidungsfähigkeit des Patienten hergestellt werden.

Eine medizinische Behandlung an einer volljährigen Person, die nicht entscheidungsfähig ist, bedarf der Zustimmung ihres **Vorsorgebevollmächtigten** oder **Erwachsenenvertreters**, dessen **Wirkungsbereich** diese Angelegenheit umfasst. Er hat sich dabei vom Willen der vertretenen Person leiten zu lassen. Im Zweifel ist davon auszugehen, dass diese eine medizinisch indizierte Behandlung wünscht.

Der Grund und die Bedeutung der medizinischen Behandlung sind auch einer im Behandlungszeitpunkt nicht entscheidungsfähigen Person zu erläutern, soweit dies möglich und ihrem Wohl nicht abträglich ist.

BEISPIEL

Berta Balak wird bewusstlos ins Krankenhaus eingeliefert. Die Ärzte müssen diagnostische Behandlungen durchführen, um herauszufinden, was nicht stimmt.

Folge: Hier ist es nicht möglich, Frau Balak über den Grund und die Bedeutung der medizinischen Behandlung aufzuklären. Darüber hinaus wird wohl „Gefahr im Verzug“ vorliegen, weshalb auch darauf verzichtet werden kann, die Zustimmung einer Vertreterin einzuholen.

Die Zustimmung des Vorsorgebevollmächtigten oder der Erwachsenenvertreterin ist **nicht erforderlich**, wenn mit der damit einhergehenden Verzögerung eine Gefährdung des Lebens, die Gefahr einer schweren Schädigung der Gesundheit oder starke Schmerzen verbunden wären.

Dauert die medizinische Behandlung **voraussichtlich auch nach Abwendung dieser Gefahrenmomente** noch an, so ist sie zu beginnen und unverzüglich die Zustimmung des Vertreters zur weiteren Behandlung einzuholen bzw das Gericht zur Bestellung eines Vertreters oder zur Erweiterung seines Wirkungsbereichs anzurufen.

Wenn die medizinische Behandlung längere Zeit andauern wird (wie zB bei Verordnung regelmäßiger Medikamenteneinnahme), dann kann mit ihr begonnen und gleichzeitig das Gericht angerufen werden.

BEISPIEL

Heiko Hansnik ist nicht ansprechbar und nicht entscheidungsfähig, er hat außerdem – laut Österreichischem Zentralen Vertretungsverzeichnis – keinen Vertreter. Er muss dringend Medikamente erhalten, die sein Blut verdünnen, da sonst Lebensgefahr besteht. Auch nachdem die akute Gefahr vorüber ist, muss er diese Medikamente weiter nehmen. Seine Entscheidungsfähigkeit wird voraussichtlich nicht wiederhergestellt werden können.

Folge: Der Arzt darf aufgrund von Gefahr im Verzug sofort mit der Gabe von Medikamenten beginnen. Gleichzeitig hat er das Gericht zu verständigen, damit dieses einen Vertreter bestellt. Der Vertreter kann dann der Gabe von Medikamenten zustimmen, auch wenn keine akute Lebensgefahr mehr besteht.

Hat die im Behandlungszeitpunkt nicht entscheidungsfähige Person die medizinische Behandlung in einer verbindlichen **Patientenverfügung** abgelehnt und gibt es keine Hinweise auf die Unwirksamkeit der Patientenverfügung, so muss die Behandlung ohne Befassung einer Vertreterin unterbleiben (siehe Kapitel „Patientenverfügung").

Anzumerken ist, dass die Ärztin vor der Weitergabe von medizinischen Informationen an unterstützende Personen (soweit es sich nicht um den gesetzliche Vertreter oder Fachkräfte handelt, die in das Behandlungsgeschehen involviert sind) den Patienten um **Entbindung von der Geheimhaltung** zu ersuchen hat. Dass die Ärztin Zweifel an der Entscheidungsfähigkeit des Patienten, was die Entscheidung über die medizinische Behandlung betrifft, hat, bedeutet nicht zwangsläufig, dass der Patient die Ärztin auch nicht von der Verschwiegenheit entbinden kann.

Wenn man eine **Vorsorgevollmacht** erteilt, kann man die Ärzte gegenüber dem oder der Bevollmächtigten gleich in der Vorsorgevollmacht von der Verschwiegenheit entbinden.

Widerspruch gegen die Behandlung

Gibt eine nicht entscheidungsfähige Person ihrer **Vorsorgebevollmächtigten** oder ihrem **Erwachsenenvertreter** oder dem **Arzt** gegenüber zu erkennen, dass sie die medizinische Behandlung oder deren Fortsetzung ablehnt, so bedarf die Zustimmung der Vorsorgebevollmächtigten oder des Erwachsenenvertreters zur Behandlung der **Genehmigung des Gerichts.**

BEISPIEL

Herbert Huber ist krank, nicht mehr entscheidungsfähig und muss medizinisch behandelt werden. Der Vorsorgebevollmächtigte Karl Langer bespricht mit dem Arzt die Behandlungsoptionen und stimmt einer passenden Behandlung zu.

Daraufhin will der Arzt die Behandlung vornehmen. Herbert Huber sagt dem Arzt jedoch, dass er mit der Behandlung nicht einverstanden ist.

Folge: Da der entscheidungsunfähige Herbert Huber der Behandlung widersprochen hat, ist zusätzlich zur Zustimmung von Karl Langer auch die Genehmigung des Gerichts notwendig, damit die Behandlung vorgenommen werden darf.

Auch im umgekehrten Fall, wenn der Vorsorgebevollmächtigte oder die Erwachsenenvertreterin der Behandlung oder ihrer Fortsetzung **nicht zustimmt** und dadurch dem Willen der vertretenen Person nicht entspricht, kann das **Gericht die Zustimmung des Vertreters ersetzen oder einen anderen Vertreter bestellen**.

Grundsätzlich unterliegt die **Vorsorgevollmacht** keiner gerichtlichen Kontrolle. Bei einem derart massiven Eingriff wie einer Behandlungsentscheidung des Vertreters **gegen den Willen der vertretenen Person** ist jedoch auch bei der Vorsorgevollmacht die gerichtliche Genehmigung bzw Entscheidung vorgesehen.

Natürlich gilt auch hier, dass die Genehmigung oder Ersetzung der Zustimmung durch das Gericht oder die Bestellung eines anderen Vertreters nicht erforderlich ist, wenn mit der dadurch einhergehenden Verzögerung eine **Gefährdung des Lebens, die Gefahr einer schweren Schädigung der Gesundheit oder starke Schmerzen** verbunden wären. Dauert die medizinische Behandlung voraussichtlich auch nach Abwendung dieser Gefahrenmomente noch an, so ist sie zu beginnen und unverzüglich das Gericht anzurufen.

BEISPIEL (VARIANTE)

Ohne die medizinische Behandlung würde Herbert Huber bald versterben. Herbert Huber widerspricht trotzdem der Behandlung.

Lösung: Der Arzt darf die Behandlung durchführen, ohne dass vorher das Gericht angerufen werden muss. Wenn die Behandlung länger andauert, darf der Arzt die Behandlung beginnen, er muss jedoch das Gericht verständigen, welches dann über die Fortsetzung der Behandlung entscheidet.

Sterilisation und Forschung

Grundsätzlich darf ein Vorsorgebevollmächtigter oder eine Erwachsenenvertreterin einer medizinischen Maßnahme, die eine dauernde Fortpflanzungs**un**fähigkeit der vertretenen nicht entscheidungsfähigen Person zum Ziel hat, nicht zustimmen.

Nur wenn sonst wegen eines dauerhaften körperlichen Leidens

- ➜ eine Gefährdung des Lebens oder
- ➜ die Gefahr einer schweren Schädigung der Gesundheit oder
- ➜ starke Schmerzen

bestehen, darf der Vorsorgebevollmächtigte oder die Erwachsenenvertreterin der Sterilisation zustimmen. Zusätzlich dazu ist außerdem die **Genehmigung des Gerichts** notwendig.

Ebenso darf eine Vorsorgebevollmächtigte oder ein Erwachsenenvertreter grundsätzlich einer medizinischen **Forschung**, die mit einer Beeinträchtigung der körperlichen Unversehrtheit oder der Persönlichkeit der vertretenen nicht entscheidungsfähigen Person verbunden ist, nicht zustimmen.

Es sei denn, dass die Vorsorgebevollmächtigte oder der Erwachsenenvertreter der Forschung zustimmt und diese für

- ➜ die Gesundheit oder das Wohlbefinden von unmittelbarem Nutzen sein kann und
- ➜ eine befürwortende Stellungnahme einer für die jeweilige Krankenanstalt eingerichteten Ethikkommission **oder**
- ➜ eine **gerichtliche Genehmigung**

vorliegt.

Gibt eine nicht entscheidungsfähige Person ihrem Vorsorgebevollmächtigten oder ihrer Erwachsenenvertreterin oder dem Arzt gegenüber zu erkennen, dass sie die Forschung oder deren Fortsetzung ablehnt, so hat diese zu unterbleiben, es sei denn, das Wohl der vertretenen Person wäre sonst erheblich gefährdet. Die Zustimmung des gesetzlichen Vertreters bedarf diesfalls auch bei Vorliegen einer befürwortenden Stellungnahme einer Ethikkommission der gerichtlichen Genehmigung.

Änderung des Wohnortes

Über eine Änderung des Wohnortes kann eine volljährige Person, soweit sie entscheidungsfähig ist, nur selbst entscheiden.

Ein Vorsorgebevollmächtigter oder eine Erwachsenenvertreterin kann über den Wohnort einer entscheidungsunfähigen Person nur bestimmten, wenn

- es von seinem bzw ihrem Wirkungsbereich umfasst ist und
- dies zum Wohl der vertretenen Person erforderlich ist.

Soll der Wohnort jedoch **dauerhaft** verlegt werden, ist zu unterscheiden:

- Ein **Vorsorgebevollmächtigter**, dessen Wirkungsbereich auch die Entscheidung über den Wohnort umfasst, kann den Wohnort der entscheidungsunfähigen Person auch dauerhaft verlegen, so lange der Wohnort im Inland bleibt. Nur wenn der Wohnort ins Ausland verlegt werden soll, ist zusätzlich die Zustimmung des Gerichts notwendig. Dies ist zum Schutz der vertretenen Person notwendig, weil diese sonst in der Regel der Kontrolle durch die österreichische Gerichtsbarkeit entzogen wird.
- Eine **Erwachsenenvertreterin** benötigt immer die Genehmigung des Gerichts, wenn sie den Wohnort der entscheidungsunfähigen Person dauerhaft verlegen möchte.

Grundsätzlich muss die gerichtliche Genehmigung des Wohnortwechsels **vorab** erfolgen. Nur in dringenden Fällen kann der Wohnortwechsel auch schon vor der Genehmigung durchgeführt werden, jedoch ist darauf zu achten, dass eine Rückkehr möglich ist, so lange das Gericht nicht endgültig entschieden hat.

BEISPIEL

Sandra Soltan ist entscheidungsunfähig und kann nicht mehr alleine in ihrer Mietwohnung wohnen. Ihr Sohn Siegfried Soltan ist ihr gesetzlicher Erwachsenenvertreter und organisiert für seine Mutter einen Platz in einem Heim. Dort wird sie voraussichtlich bis auf weiteres bleiben. Siegfried Soltan möchte nicht die Entscheidung des Gerichts über den dauerhaften Wohnortwechsel abwarten.

Folge: Siegfried Soltan darf den Wohnort seiner Mutter vorerst verlegen. Er muss jedoch darauf achten, dass eine Rückkehr möglich ist, sollte das Gericht den Wohnortwechsel ablehnen. Er darf daher bis zur Entscheidung des Gerichts die Mietwohnung nicht kündigen oder räumen.

Vermögenssorge

Ist ein Erwachsenenvertreter mit der Verwaltung des Vermögens oder des Einkommens der vertretenen Person betraut, so hat er mit dem Einkommen und dem Vermögen ihre den persönlichen Lebensverhältnissen angemessenen **Bedürfnisse zu befriedigen**.

Bei der Erfüllung dieser Verpflichtung hat die Erwachsenenvertreterin auch dafür zu sorgen, dass der vertretenen Person die **notwendigen finanziellen Mittel für Rechtsgeschäfte des täglichen Lebens zur Verfügung stehen**, soweit ihr Wohl dadurch nicht gefährdet ist.

Dafür hat der Erwachsenenvertreter der vertretenen Person etwa das notwendige Bargeld zu überlassen oder den notwendigen Zugriff auf Zahlungskonten zu gewähren.

Vertretung im außerordentlichen Wirtschaftsbereich

Vertretungshandlungen eines **Erwachsenenvertreters** (nicht jedoch eines Vorsorgebevollmächtigten) in Vermögensangelegenheiten bedürfen zu ihrer Rechtswirksamkeit der Genehmigung des Gerichts, wenn die Vermögensangelegenheit nicht zum **ordentlichen Wirtschaftsbetrieb** gehört.

Was zum ordentlichen Wirtschaftsbetrieb einer Person gehört, ist von Fall zu Fall unterschiedlich. Dabei ist unter anderem das **Vermögen** der Person sowie dessen Lebensführung ausschlaggebend. Für einen Vertretenen mit wenig Geld wird die Anschaffung eines teuren Autos wahrscheinlich nicht zum ordentlichen Wirtschaftsbetrieb gehören. Für eine Vermögende, der bereits einen ganzen Fuhrpark besitzt, vielleicht aber schon.

Weitere Kriterien sind:

- Liegt ein hohes wirtschaftliches Risiko vor?
- Kann die Handlung leicht rückgängig gemacht werden?

- Stehen die eingegangenen Verpflichtungen zum Vermögen des Vollmachtgebers in einem vernünftigen Verhältnis?
- Kamen die Handlungen bisher regelmäßig vor?

In der Regel gehören alle Handlungen, für die eine Gattungs- oder Spezialvollmacht notwendig ist, nicht zum ordentlichen Wirtschaftsbetrieb einer Person. Dazu gehören beispielsweise das Anhängigmachen von Prozessen, die unbedingte Annahme einer Erbschaft, die Gründung von Gesellschaften und die unentgeltliche Aufgabe von Rechten.

Geldanlage

Sofern das Geld nicht für andere Zwecke gebraucht wird, ist es fruchtbringend anzulegen. Der Gesetzgeber hat detaillierte Vorgaben darüber gemacht, wie Geld angelegt werden darf („mündelsicher"). Das Geld von entscheidungsunfähigen Personen (und auch von Minderjährigen) wird vom Gesetzgeber „**Mündelgeld**" genannt:

Spareinlagen bei einem Kreditinstitut sind zur Anlegung von Mündelgeld geeignet, wenn

- die Spareinlagen auf den Namen der entscheidungsunfähigen Person lauten und ausdrücklich die Bezeichnung „Mündelgeld" tragen, und
- für die Verzinsung und Rückzahlung der Mündelspareinlagen ein vom Kreditinstitut gebildeter, jederzeit mit der jeweiligen Höhe solcher Einlagen übereinstimmender unbelasteter Deckungsstock haftet, und
- der Deckungsstock ausschließlich in mündelsicheren Wertpapieren, in Hypothekarforderungen mit gesetzmäßiger Sicherheit, in Forderungen, für die der Bund oder ein Land haftet, oder in Bargeld besteht.

Die letzten beiden Voraussetzungen kann man als Kunde oder Kundin kaum prüfen. In der Regel werden diese Voraussetzungen von den Banken aber erfüllt, wenn sie „mündelsichere" Spareinlagen anbieten. Man sollte jedenfalls darauf achten, dass das Konto oder Sparbuch die Bezeichnung „Mündelgeld" enthält.

Auch der Erwerb bestimmter Wertpapiere und Forderungen ist zur Anlage von Mündelgeld geeignet. Man sollte sich im Einzelfall bei der Bank erkundigen. Als Laie hat man kaum eine Möglichkeit, selbst zu prüfen, ob alle vom Gesetzgeber vorgeschriebenen Voraussetzungen für eine Anlageform erfüllt sind.

Der Erwerb inländischer **Liegenschaften** ist zur Anlegung von Mündelgeld geeignet, wenn sich ihr Wert nicht wegen eines darauf befindlichen Abbaubetriebs ständig und beträchtlich vermindert oder sie nicht ausschließlich oder überwiegend industriellen oder gewerblichen Zwecken dienen. Der Kaufpreis soll in der Regel den Verkehrswert nicht übersteigen.

Es sind im Einzelfall und unter bestimmten Voraussetzungen auch andere Anlageformen erlaubt.

Diese Grundsätze für die Geldanlage gelten **grundsätzlich für den Erwachsenenvertreter**, **jedoch nicht für die Vorsorgebevollmächtigte.** In der Vorsorgevollmacht kann allerdings bestimmt werden, dass auch die Vorsorgebevollmächtigte nur mündelsichere Anlageformen verwenden darf.

Gerichtliche Kontrolle

Berichte

Ein **Erwachsenenvertreter** (nicht jedoch ein Vorsorgebevollmächtigter) hat dem Gericht jährlich über

- die Gestaltung und Häufigkeit seiner persönlichen Kontakte mit der vertretenen Person,
- ihren Wohnort,
- ihr geistiges und körperliches Befinden und
- die für sie im vergangenen Jahr besorgten und im kommenden Jahr zu besorgenden Angelegenheiten

zu berichten.

Der erste Bericht ist innerhalb von **vier Wochen** dem Gericht vorzulegen.

Zu berichten ist erstens über die Gestaltung und Häufigkeit der geschuldeten **persönlichen Kontakte** mit der vertretenen Person. Dem Gericht soll mitgeteilt werden, wo und wie häufig die Kontakte normalerweise stattfinden. Damit soll in erster Linie deutlich werden, auf welcher Erfahrungsgrundlage die weiteren im Bericht getroffenen Einschätzungen beruhen.

Zweitens ist der **Wohnort** der vertretenen Person anzugeben. Damit soll sichergestellt werden, dass eine dauerhafte Wohnortänderung, die an sich der gerichtlichen Vorabgenehmigung bedürfte, dem Gericht wenigstens im Nachhinein zur Kenntnis kommt. Das Gericht wird dadurch in die Lage versetzt, entsprechende Berichtsaufträge zu erteilen und – wenn die Übersiedlung nicht nachvollziehbar erscheint – ein Verfahren über die Beendigung der Erwachsenenvertretung bzw ein Verfahren über die Bestellung eines anderen, gerichtlichen Erwachsenenvertreters einzuleiten.

Drittens hat die Erwachsenenvertreterin zu schildern, wie das **geistige und körperliche Befinden der vertretenen Person** aktuell ist. Sie hat beispielsweise zu berichten, ob sich ihr psychischer Zustand (zB im Fall einer Demenzerkrankung ihre Vergesslichkeit und Antriebslosigkeit) stabilisiert oder verschlechtert hat, ob sie zusätzlich unter körperlichen Krankheiten zu leiden hatte oder hat und welche gesundheitlichen Versorgungsmaßnahmen getroffen wurden. Zeigt sich hier für das Gericht das Bild einer überforderten Vertreterin, so wäre ein Verfahren zur Bestellung eines gerichtlichen Erwachsenenvertreters einzuleiten.

Viertens ist im Bericht auszuführen, welche Angelegenheiten für die vertretene Person im vergangenen Berichtsjahr zu besorgen waren und welche im kommenden Jahr voraussichtlich zu besorgen sein werden.

Hat sich das geistige Befinden der vertretenen Person stark verbessert oder sind keine Angelegenheiten mehr für sie zu besorgen, so kommt allenfalls die Beendigung der gerichtlichen Erwachsenenvertretung in Betracht. Dazu kann das Gericht wiederum eine Abklärung beauftragen oder sich einen persönlichen Eindruck von der vertretenen Person verschaffen.

Das Gericht kann sowohl **häufigere Berichte** verlangen, als auch die Verpflichtung zu Berichten einschränken **oder komplett erlassen**.

Rechnungslegung

Rechnungslegung bedeutet, dass nachgewiesen werden muss, wie das Vermögen angelegt oder verwendet wurde. Dies ist sowohl für den Verpflichteten als auch für das Gericht aufwändig. Der Verpflichtete muss eine genaue Aufstellung erstellen und vorlegen und das Gericht muss diese prüfen. Der Gesetzgeber hat daher umfangreiche Ausnahmen von der Rechnungslegungspflicht für Erwachsenenvertreter vorgesehen.

Eine **Erwachsenenvertreterin**, die mit der Verwaltung des Vermögens oder des Einkommens der vertretenen Person betraut ist, hat zunächst den Vermögensstand gründlich zu erforschen und dem Gericht bei **Antritt** der Vermögenssorge das Vermögen im Einzelnen anzugeben. Zur **laufenden** Rechnungslegung ist ein naher Angehöriger (dazu zählen in diesem Fall alle, die auch gesetzliche Erwachsenenvertreter sein können) bzw der Erwachsenenschutzverein nur dann dem Gericht gegenüber verpflichtet, wenn das Gericht dies aus besonderen Gründen verfügt. Dabei ist es unerheblich, auf welche Weise der nahe Angehörige den Betroffenen vertritt. Obwohl der nahe Angehörige dem Gericht gegenüber unter Umständen keine Rechnung legen muss, ist er jedoch verpflichtet, Belege aufzubewahren. Außerdem hat er dem Gericht den Erwerb unbeweglicher Sachen oder eine Überschreitung des Wertes von 15 000 Euro mitzuteilen.

Am Ende der Vertretung haben alle Erwachsenenvertreter dem Gericht eine Schlussrechnung vorzulegen.

Das Gericht hat die Tätigkeit des Erwachsenenvertreters zur Vermeidung einer Gefährdung des Wohles der vertretenen Person zu überwachen und die dazu notwendigen Aufträge zur Rechnungslegung zu erteilen.

Es ist auch für eine **Vorsorgebevollmächtigte** empfehlenswert, Rechnungen und Belege aufzubewahren. Die Vorsorgebevollmächtigte kann beispielsweise von den Erben oder Pflichtteilsberechtigten des Vertretenen zur Rechnungslegung aufgefordert werden.

Aufbewahren von Urkunden

Ein **Vorsorgebevollmächtigter** oder eine **Erwachsenenvertreterin** ist verpflichtet, die Vollmachtsurkunde sowie die zur Eintragung in das Österreichische Zentrale Vertretungsverzeichnis erforderlichen ärztlichen Zeugnisse bis zur Beendigung der Vertretung aufzubewahren und auf Verlangen des Gerichts diesem zu übermitteln.

Damit soll sichergestellt werden, dass das Gericht in den Besitz dieser Urkunden gelangen kann, wenn die Richtigkeit der von ihnen beurkundeten Tatsachen bestritten wird. Im Bereich der gewählten und gesetzlichen Erwachsenenvertretung besteht daneben die Übermittlungsverpflichtung der eintragenden Stelle. Näheres dazu findet sich im Kapitel über das österreichische Zentrale Vertretungsverzeichnis.

Kapitel 5:

Gesetzliche Erwachsenenvertretung

Die gesetzliche Erwachsenenvertretung ermöglicht nahen Angehörigen die Besorgung bestimmter Angelegenheiten für volljährige Personen, die aufgrund einer psychischen Krankheit oder einer vergleichbaren Beeinträchtigung ihrer Entscheidungsfähigkeit nicht in der Lage sind, diese Geschäfte ohne Gefahr eines Nachteils für sich selbst zu besorgen. Die gesetzliche Erwachsenenvertretung entsteht nur, soweit die betroffene Person keinen anderen Vertreter, wie zum Beispiel eine Vorsorgebevollmächtigte, hat.

Ist jemand nicht mehr in der Lage, eine Vorsorgevollmacht zu errichten oder selbst einen Erwachsenenvertreter zu wählen, können dessen nächste Angehörige die gesetzliche Erwachsenenvertretung in Anspruch nehmen. Im Unterschied zur gerichtlichen Erwachsenenvertretung, bei der der Vertreter vom Gericht ausgewählt wird, geht hier die **Initiative von den Angehörigen** aus. Derjenige aus dem Kreis der nächsten Angehörigen, der die gerichtliche Erwachsenenvertretung unter Vorlage der nötigen Dokumente als Erster beantragt, wird als Vertreter bzw Vertreterin der betroffenen Person im Österreichischen Zentralen Vertretungsverzeichnis eingetragen. Voraussetzung dafür ist allerdings, dass der oder die Vertretene der Vertretung **nicht widersprochen** hat, also kein Widerspruch im Österreichischen Zentralen Vertretungsverzeichnis registriert ist.

Die gesetzliche Erwachsenenvertretung entsteht **ohne Mitwirkung des Betroffenen**, wenn die gesetzlichen Voraussetzungen vorliegen und die Eintragung im Österreichischen Zentralen Vertretungsverzeichnis erfolgt ist. Der Betroffene kann sich seinen gesetzlichen Erwachsenenvertreter grundsätzlich nicht selbst aussuchen, wie dies bei der gewählten Erwachsenenvertretung oder der Vorsorgevollmacht der Fall ist. Er hat dafür die Möglichkeit, bestimmte Personen als Erwachsenenvertreter abzulehnen. Wenn die Betroffene eine **Erwachsenenvertreter-Verfügung** errichtet hat, ist die darin bezeichnete Person unabhängig vom Verwandtschaftsverhältnis berechtigt, für die Betroffene als gesetzlicher Erwachsenenvertreter tätig zu werden.

Im Unterschied zum gewählten Erwachsenenvertreter, dessen Befugnisse die (ansonsten) entscheidungsunfähige Person selbst festlegen kann, sind die Aufgaben des gesetzlichen Erwachsenenvertreters im Gesetz festgelegt.

HINWEIS

Nächste Angehörige, die die Vertretungsbefugnis ausüben, unterliegen dabei auch einer gerichtlichen Kontrolle.

Die Vertretungsbefugnis entsteht erst, wenn die gesetzliche Erwachsenenvertretung im Österreichischen Zentralen Vertretungsverzeichnis (ÖZVV) registriert wurde (siehe auch Kapitel 11).

Voraussetzungen

Volljährigkeit

Nur Personen über 18 Jahren können mittels der gesetzlichen Erwachsenenvertretung vertreten werden. Personen unter 18 Jahren werden durch ihre Eltern, Pflegeeltern, den Kinder- und Jugendhilfeträger oder eine andere mit der Obsorge betraute Person vertreten.

Psychische Krankheit oder vergleichbare Beeinträchtigung

Die gesetzliche Erwachsenenvertretung kommt nur zur Anwendung, wenn der oder die Volljährige an einer psychischen Krankheit oder einer vergleichbaren Beeinträchtigung der Entscheidungsfähigkeit leidet. Eine körperliche Beeinträchtigung reicht nicht aus.

BEISPIEL

Peter Aufmesser hat sich den Fuß gebrochen und muss für einige Tage im Krankenhaus sein. Seine Lebensgefährtin möchte für ihn bei der privaten Versicherung von Herrn Aufmesser Taggeld für den Krankenhausaufenthalt beantragen.

Folge: Da Peter Aufmesser nur körperlich, aber nicht psychisch krank ist, liegt eine Voraussetzung der gesetzlichen Erwachsenenvertretung nicht vor. Der Antrag kann daher nicht von der Lebensgefährtin gestellt werden.

Zusätzliche Voraussetzung ist, dass die betroffene Person die Angelegenheiten **nicht ohne Gefahr eines Nachteils für sich selbst** besorgen kann. Der Gesetzgeber verlangt diese zusätzliche Voraussetzung, weil die volljährige Person hier nicht selbst den Vertreter bzw die Vertreterin bestimmt.

Ab wann der bzw die Beeinträchtigte diese Angelegenheiten nicht mehr ohne Gefahr eines Nachteils selbst besorgen kann, muss im Einzelfall beurteilt werden. Die Frage, ob die vertretene Person die in den einzelnen Wirkungsbereichen angesprochenen Angelegenheiten selbst ohne Gefahr eines Nachteils besorgen kann, ist **pauschal zu beurteilen.** Es kommt dabei darauf an, ob in der überwiegenden Anzahl der Fälle innerhalb eines im Gesetz erwähnten Wirkungsbereiches die Gefahr eines Nachteils für die betroffene Person besteht. Auch wenn die betroffene Person einzelne Geschäfte innerhalb eines Wirkungsbereiches ohne Gefahr eines Nachteils besorgen könnte, kann eine pauschale Beurteilung zu dem Ergebnis kommen, dass in der überwiegenden Zahl der Fälle die Gefahr eines Nachteils besteht.

HINWEIS

Damit die gesetzliche Erwachsenenvertretung im Österreichischen Zentralen Vertretungsverzeichnis eingetragen werden kann, muss dem Notar, der Rechtsanwältin oder dem Erwachsenenschutzverein ein ärztliches Zeugnis über die psychische Krankheit oder vergleichbare Beeinträchtigung vorgelegt werden.

Keine andere vertretende Person vorhanden

Die gesetzliche Erwachsenenvertretung gilt „subsidiär". Das bedeutet, sie kommt nur zur Anwendung, wenn es keine anderen Vertreter wie beispielsweise einen gewählten Erwachsenenvertreter oder eine Vorsorgebevollmächtigte gibt.

Die gesetzliche Erwachsenenvertretung soll dann zum Tragen kommen, wenn eine Person so eingeschränkt ist, dass sie nicht einmal mehr einen gewählten Erwachsenenvertreter wählen kann, und wenn funktionierende Familienverhältnisse vorliegen.

Wenn für die volljährige Person etwa bereits ein Bevollmächtigter, eine Vorsorgebevollmächtigte, gewählte Erwachsenenvertreterin oder auch ein Kurator vorhanden ist, ist die Vertretung durch den gesetzlichen Erwachsenenvertreter nicht mehr in allen Lebensbereichen möglich, sondern nur in jenen, die nicht in die Kompetenz des bereits vorhandenen Erwachsenenvertreters bzw der Bevollmächtigten oder des Kurators fallen.

Ein gerichtlicher Erwachsenenvertreter kann die geschäftsunfähige Person nur in jenen Lebensbereichen vertreten, die in seinem **Bestellungsbeschluss** bezeichnet sind.

BEISPIEL

Für Gabriele Kloiber wurde ein gerichtlicher Erwachsenenvertreter bestellt, der sie im Verfahren über die Erhöhung des Pflegegeldes vertreten soll. Im Bestellungsbeschluss des Gerichts ist der Wirkungsbereich des gerichtlichen Erwachsenenvertreters auf die Vertretung von Frau Kloiber in diesem Verfahren beschränkt.

Im obigen Beispiel kann der gerichtliche Erwachsenenvertreter Gabriele Kloiber also nur in einem bestimmten Verfahren vertreten. Wenn sie auch in anderen Lebensbereichen nicht entscheidungsfähig ist, benötigt sie auch dafür einen Vertreter. In diesen Bereichen kann eine gesetzliche Erwachsenenvertreterin die Vertretung der geschäftsunfähigen Frau Kloiber übernehmen.

BEISPIEL (VARIANTE)

Der Ehegatte der entscheidungsunfähigen Frau Kloiber möchte für diese eine Eingabe an das Gericht im Pflegegeldverfahren schicken.

Folge: Das ist nicht möglich. Die Vertretung in diesem Verfahren kommt laut gerichtlichem Bestellungsbeschluss (alleine) dem gerichtlichen Erwachsenenvertreter zu.

Gleiches würde in den obigen Beispielen gelten, wenn statt des gerichtlichen Erwachsenenvertreters eine Vorsorgebevollmächtigte mit entsprechend eingeschränkter Vollmacht vorhanden wäre.

Wenn das Gericht in einem bestimmten Bereich keinen gerichtlichen Erwachsenenvertreter bestellt, kann das auch bedeuten, dass die betroffene Person nach Ansicht des Gerichts in diesen Bereichen selbst entscheidungsfähig ist. In so einem Fall besteht für diese Bereiche auch keine gesetzliche Erwachsenenvertretung neben der gerichtlichen Erwachsenenvertretung.

Das Gericht hat vor der Bestellung eines gerichtlichen Erwachsenenvertreters zu prüfen, ob eine andere Form der Vertretung besteht oder möglich ist. Wenn es einen geeigneten Angehörigen gibt, der bereit ist, die gesetzliche Erwachsenenvertretung auszuüben, hat die Bestellung eines gerichtlichen Erwachsenenvertreters in jenen Bereichen zu unterbleiben, in denen der Angehörige die gesetzliche Erwachsenenvertretung ausübt. Gleiches gilt für Bereiche, die durch die gewählte Erwachsenenvertretung oder durch einen Vorsorgebevollmächtigten abgedeckt sind. Unter Umständen kann die Vertretung überhaupt vermieden werden, wenn die betroffene Person in ihren Fähigkeiten durch entsprechende Unterstützungsmaßnahmen mobilisiert und selbst tätig werden kann.

Nächste Angehörige

Angehörige, die die gesetzliche Erwachsenenvertretung ausüben können, sind

- die Eltern und Großeltern,
- volljährige Kinder und Enkelkinder,
- Geschwister,
- Nichten und Neffen
- der Ehegatte oder die eingetragene Partnerin,
- der Lebensgefährte, wenn dieser mit der vertretenen Person seit mindestens drei Jahren im gemeinsamen Haushalt lebt, und
- die von der volljährigen Person in einer Erwachsenenvertreter-Verfügung bezeichnete Person.

Eltern und Kinder, Nichten, Neffen und Geschwister

Eltern können ihre volljährigen Kinder als nächste Angehörige vertreten, wenn diese aufgrund einer psychischen Krankheit oder vergleichbaren Beeinträchtigung entscheidungsunfähig sind und die Gefahr eines Nachteils besteht, wenn das Kind für sich selbst handelt. Umgekehrt kann auch ein volljähriges (entscheidungsfähiges) Kind seine Eltern vertreten, wenn diese entscheidungsunfähig werden.

In österreichischen Gesetzen bedeutet der Begriff „Eltern“ oft: „alle Vorfahren“. Und der Begriff „Kinder“ bedeutet oft: „alle Nachkommen“. Bisher war im Gesetz nicht eindeutig geregelt, ob das auch für die gesetzliche Erwachsenenvertretung (früher: Vertretungsbefugnis nächster Angehöriger) gilt. Mit der seit 1.7.2018 in Kraft getretenen Änderung des Gesetzes hat der

Gesetzgeber nun klargestellt, dass auch Großeltern und Enkelkinder ihre Angehörigen vertreten können.

Ebenfalls neu ist, dass auch Geschwister und Nichten und Neffen ihre Angehörigen vertreten können.

Stiefeltern bzw Schwiegereltern sind nicht vertretungsbefugt, ebenso wenig Stiefkinder oder Schwiegerkinder, wohl aber Adoptivkinder oder Adoptiveltern.

Neben der Verwandtschaft (bzw Adoption) müssen bei (Groß-)Eltern und (Enkel-)Kindern, Nichten, Neffen und Geschwistern keine weiteren Voraussetzungen für die gesetzliche Erwachsenenvertretung vorliegen, insbesondere kein gemeinsamer Haushalt.

Ehegatten, eingetragene Partnerinnen und Partner, Lebensgefährten sowie gewählte Erwachsenenvertreterinnen und -vertreter

Der Kreis der nächsten Angehörigen ist vom Gesetzgeber vergrößert worden. Der Gesetzgeber geht davon aus, dass die überwiegende Anzahl der Familien funktioniert und es keine Streitigkeiten unter den Angehörigen gibt. Auch aus der Praxis kam der Wunsch, den Personenkreis der vertretungsbefugten Angehörigen zu vergrößern. Bei den im Gesetz genannten Angehörigen kann man auch davon ausgehen, dass sie die **individuellen Bedürfnisse** der entscheidungsunfähigen Person mit hoher Wahrscheinlichkeit kennen und dass zu ihnen ein Vertrauensverhältnis besteht.

Unter **Lebensgefährten** sind sowohl verschiedengeschlechtliche als auch gleichgeschlechtliche Lebensgemeinschaften zu verstehen. Eine Lebensgemeinschaft liegt aber nur vor, wenn neben der wirtschaftlichen und geschlechtlichen Gemeinschaft auch ein seit zumindest drei Jahren bestehender gemeinsamer Haushalt vorliegt.

Dies soll sicherstellen, dass der Lebensgefährte die Bedürfnisse der betroffenen Person kennt. Außerdem ist der gemeinsame Wohnsitz über die Meldung (zB durch Meldezettel) leicht nachweisbar, was insbesondere für die Eintragung der gesetzlichen Erwachsenenvertretung im Österreichischen Zentralen Vertretungsverzeichnis notwendig ist. Der gemeinsame Wohnsitz kann eventuell auch durch andere Beweismittel, wie zum Beispiel Strom- oder Gasrechnungen, nachgewiesen werden.

Wird der gemeinsame Haushalt nur zu Zwecken eines Spitals- oder Kuraufenthalts aufgegeben, so hindert dies die Vertretungsbefugnis der Lebensgefährtin nicht, da das Vertrauensverhältnis zwischen den Partnern durch eine solche objektiv notwendige räumliche Trennung nicht beeinträchtigt wird. Wurde der gemeinsame Haushalt der **Lebensgefährten** jedoch aufgrund einer freiwilligen Trennung aufgegeben, besteht das Vertrauensverhältnis nicht mehr.

Für **Ehegatten** und eingetragene Partnerinnen ist ein gemeinsamer Haushalt nicht notwendig, damit die gesetzliche Erwachsenenvertretung entsteht.

Neu ist ebenfalls, dass die in einer Erwachsenenvertreter-Verfügung bezeichnete Person auch als gesetzlicher Vertreter tätig werden kann. In der Erwachsenenvertreter-Verfügung kann eine Person bestimmt werden, die unabhängig vom Verwandtschaftsverhältnis als Erwachsenenvertreterin tätig werden soll. Die so bestimmte Erwachsenenvertreterin kann auch **ohne Gerichtsbeschluss** als **gesetzliche** Erwachsenenvertreterin für die entscheidungsunfähige Person handeln und diese vertreten.

Mehrere nahe Angehörige

Die Vertretung durch mehrere nächste Angehörige ist unter Umständen ratsam, um die Vertretung leichter gestalten zu können. So können sich zB mehrere Kinder die Vertretung des kranken Vaters teilen.

Sind mehrere nächste Angehörige vertretungsbefugt, so genügt für die Vertretung die **Erklärung einer Person**, um den Betroffenen zu vertreten. Die Zustimmung der anderen vertretungsbefugten Personen ist nicht notwendig.

Mehrere Erwachsenenvertreter können für eine Person nur mit jeweils **unterschiedlichem Wirkungsbereich** eingesetzt und im Österreichischen Zentralen Vertretungsverzeichnis eingetragen werden.

Der Gesetzgeber geht davon aus, dass sich die Angehörigen in der Regel darüber einigen werden, wer den Betroffenen in welchen Bereichen vertritt. Die Familie soll grundsätzlich selbst entscheiden, wer als gesetzlicher Erwachsenenvertreter tätig werden soll und für welche Aufgabenbereiche er zuständig ist. Kann sich eine Familie in einer so grundsätzlichen Frage nicht einigen, so sind meist Streitigkeiten vorprogrammiert und eine gerichtliche Erwachsenenvertretung kommt in Betracht.

BEISPIEL

Hubert und Christa sind die Kinder des entscheidungsunfähigen Roman Wurzer. Sie gehen gemeinsam zu einem Pflegedienst, um eine Hauskrankenpflege für ihren Vater zu organisieren.

Nachdem der Pflegedienst die Leistungen und Kosten erläutert hat, ist Hubert der Ansicht, dass es sich dabei um ein gutes Angebot handelt. Christa hingegen meint, dass die Pflege viel zu viel koste, und sagt dem zuständigen Mitarbeiter, dass sie mit einem Vertrag nicht einverstanden sei.

Folge: Der Erwachsenenvertreter, dessen Wirkungsbereich auch den Abschluss von solchen Verträgen umfasst, kann alleine entscheiden, ob der Vertrag abgeschlossen werden soll. Können sich die Kinder nicht darauf einigen, wer für den Wirkungsbereich zuständig werden soll, ist ein gerichtlicher Erwachsenenvertreter zu bestellen.

Natürlich muss das Gericht irgendwie davon erfahren, dass der Abschluss dieses Vertrags eventuell notwendig ist. Jedes der Kinder oder auch jede andere Person kann dies dem Gericht mitteilen. Das Gericht entscheidet dann, ob ein gerichtlicher Erwachsenenvertreter bestellt wird und mit welchem Wirkungsbereich.

BEISPIEL (VARIANTE)

Hubert informiert das zuständige Gericht darüber, dass er sich mit Christa nicht darüber einigen kann, ob ein Vertrag mit dem Pflegedienst abgeschlossen werden soll.

Das Gericht bestellt Notar Peter Zauner zum gerichtlichen Erwachsenenvertreter und beschränkt seinen Wirkungsbereich darauf, zu prüfen, ob eine Hauskrankenpflege notwendig ist, und falls ja, einen entsprechenden Vertrag abzuschließen.

Folge: Keines der Kinder kann den Vater in diesem Bereich mehr vertreten. Die Vertretungsbefugnis hinsichtlich der Hauskrankenpflege kommt ausschließlich dem gerichtlichen Erwachsenenvertreter zu.

In bestimmten einfachen **Gerichtsverfahren** können nahe Angehörige den Entscheidungsunfähigen ebenfalls vertreten. Für diese Verfahren wird vermutet, dass derjenige vertretungsbefugt ist, der die **erste Verfahrenshandlung** setzt.

Berücksichtigung des Wohls der vertretenen Person

Bei Wahrnehmung seiner Vertretungsbefugnisse hat der nächste Angehörige das Wohl der vertretenen Person bestmöglich zu fördern und danach zu trachten, dass sie im Rahmen ihrer Fähigkeiten und Möglichkeiten ihr Leben nach ihren Wünschen und Vorstellungen gestalten kann.

Die gesetzliche Erwachsenenvertretung ist ein Ausfluss der familiären Beistandspflicht. Es ist daher selbstverständlich, dass die nahe Angehörige immer die Interessen und Wünsche der geschäftsunfähigen Person bei ihren Entscheidungen beachten soll.

Angehörige haben grundsätzlich keinen Anspruch auf Entgelt oder Aufwandsersatz, wenn sie die Vertretungsbefugnis wahrnehmen.

Soweit die Angehörige über Geld des Vertretenen verfügt, trifft sie grundsätzlich eine **Pflicht zur Rechnungslegung**. Dies ergibt sich bereits aus dem allgemeinen Zivilrecht, wonach jemand, der fremdes Vermögen verwaltet, grundsätzlich zur Rechnungslegung verpflichtet ist; andererseits steht dies nunmehr auch im Gesetz. Gesetzliche Erwachsenenvertreter sind dem Gericht gegenüber von der Pflicht zur **laufenden** Rechnungslegung grundsätzlich befreit. Das Gericht kann aber aus besonderen Gründen die Rechnungslegung verlangen. Es ist auch möglich, dass neben dem Gericht andere Personen die Rechnungslegung verlangen.

HINWEIS

Die Rechnungslegung kann beispielsweise von einem gerichtlichen Erwachsenenvertreter verlangt werden, wenn das Gericht nachträglich einen solchen mit entsprechendem Wirkungsbereich bestellt. Die nahe Angehörige ist dann verpflichtet, dem gerichtlichen Erwachsenenvertreter eine Dokumentation der Ausgaben vorzulegen. Auch der Vertretene selbst kann die Rechnungslegung verlangen, wenn er die Geschäftsfähigkeit wiedererlangt. Schließlich können auch

Erben des Vertretenen die Rechnungslegung vom Erwachsenenvertreter fordern. Siehe dazu auch im Kapitel „Personen- und Vermögenssorge“ unter „Rechnungslegung“.

Umfang der Vertretungsbefugnis

Die Vertretungsbefugnisse können folgende Bereiche betreffen:

- Vertretung in Verwaltungsverfahren und verwaltungsgerichtlichen Verfahren,
- Vertretung in gerichtlichen Verfahren,
- Verwaltung von Einkünften, Vermögen und Verbindlichkeiten,
- Abschluss von Rechtsgeschäften zur Deckung des Pflege- und Betreuungsbedarfs,
- Entscheidung über medizinische Behandlungen und Abschluss von damit im Zusammenhang stehenden Verträgen,
- Änderung des Wohnortes und Abschluss von Heimverträgen,
- Vertretung bei sonstigen Rechtsgeschäften und personenrechtlichen Angelegenheiten.

In allen genannten Angelegenheiten darf die Erwachsenenvertreterin die vertretene Person immer auch vor Gericht vertreten und hat die Befugnis, über laufende Einkünfte und das Vermögen der vertretenen Person insoweit zu verfügen, als dies zur Besorgung der Rechtsgeschäfte erforderlich ist.

Vertretung in (verwaltungs-)gerichtlichen Verfahren

Es sind alle denkbaren Ansprüche in **Verwaltungsverfahren oder gerichtlichen Verfahren** davon umfasst. Es sind hier nicht nur sozialrechtliche Ansprüche gemeint, sondern etwa auch die Beteiligung am Bauverfahren des Grundstücksnachbarn. Darunter fällt auch die Sicherstellung des Fortbestands von Ansprüchen. Auch die gerichtliche Geltendmachung des Pflegegeldanspruchs sowie die Vertretung in verwaltungsgerichtlichen Verfahren können vom Wirkungsbereich eines gesetzlichen Erwachsenenvertreters erfasst sein.

Verwaltung von Einkünften, Vermögen und Verbindlichkeiten

Die Befugnis zur **Einkommens- und Vermögensverwaltung** umfasst auch die Befugnis, etwa ein (weiteres) Konto für die vertretene Person zu eröffnen oder eine Verfügung über ein bestehendes Konto zu treffen. Die Erwachsenenvertreterin kann nicht nur über laufende Einkünfte verfügen, sondern über das gesamte Vermögen, sofern die Handlung zum **ordentlichen Wirtschaftsbetrieb** gehört, auch ohne gerichtliche Genehmigung.

Der ordentliche Wirtschaftsbetrieb meint beispielsweise (Rechts-)Handlungen, die der Vertretene bisher im täglichen Leben regelmäßig selbst vorgenommen hat. Näheres dazu siehe im Kapitel „Vertretung in personenrechtlichen Angelegenheiten" unter „Vermögenssorge".

Änderung des Wohnortes

Die Änderung des Wohnortes und Abschluss von **Heimverträgen** umfasst auch die dauerhafte Wohnortentscheidung. Allerdings muss der Erwachsenenvertreter zuvor die Genehmigung des Pflegschaftsgerichts einholen (siehe Kapitel 4 unter „Änderung des Wohnortes"). Der Abschluss eines Heimvertrags ist ebenfalls möglich.

Die gesetzliche Erwachsenenvertreterin ist in diesem Zusammenhang auch etwa ermächtigt, einen Mietvertrag zu kündigen oder eine Eigentumswohnung zu verkaufen. Der Verkauf einer Eigentumswohnung wird in der Regel zum außerordentlichen Wirtschaftsbetrieb gehören, weshalb in diesem Fall zusätzlich eine **Genehmigung** des Gerichts notwendig ist (siehe Kapitel 4 unter „Vermögenssorge").

Registrierung der Vertretungsbefugnis

Die nächste Angehörige muss ihre Vertretungsbefugnis vor der Vornahme der ersten Vertretungshandlung im ÖZVV registrieren zu lassen. Das „**Österreichische Zentrale Vertretungsverzeichnis (ÖZVV)**" wird von der österreichischen Notariatskammer geführt und überwacht. Siehe dazu im Detail Kapitel 7.

Notarinnen, Rechtsanwälte und Erwachsenenschutzvereine sind befugt, die gesetzliche Erwachsenenvertretung zu registrieren. Diese drei Stellen werden vom Gesetz auch zusammengefasst als „eintragende Stellen“ bezeichnet.

Damit die eintragende Stelle die Registrierung der gesetzlichen Erwachsenenvertretung vornehmen kann, hat ihr der bzw die Registrierende das **Angehörigenverhältnis nachzuweisen**. Das kann durch Geburtsurkunden, Heiratsurkunden, Meldebestätigungen und ähnliche Dokumente geschehen.

Die eintragende Stelle hat vor Registrierung der gesetzlichen Erwachsenenvertretung zu prüfen, ob ein **Widerspruch** gegen diese Vertretung im ÖZVV aufscheint. Ist dies der Fall, so darf die Vertretungsbefugnis natürlich nicht registriert werden.

Außerdem hat der bzw die Registrierende ein **ärztliches Zeugnis** darüber vorzulegen, dass die Entscheidungsfähigkeit der vertretenen Person durch eine psychische Krankheit oder eine vergleichbare Beeinträchtigung vermindert ist und die Person die vom Wirkungsbereich des Vertreters umfassten Angelegenheiten nicht selbst besorgen kann. Ein ärztliches Zeugnis, das die Mindestanforderungen erfüllt, kann folgendermaßen formuliert sein (Inhalte in eckiger Klammer müssen angepasst werden):

FORMULIERUNGSBEISPIEL

Ärztliches Zeugnis

Hiermit bestätige ich, A [Name, Adresse, Telefonnummer], Facharzt/Fachärztin für [Neurologie usw], dass Herr/Frau X, geboren am [Geburtsdatum], an [der Krankheit Y] erkrankt ist. Aufgrund dieser psychischen Krankheit [oder: mit einer psychischen Krankheit vergleichbaren Beeinträchtigung] kann er/sie ... [zb die Verwaltung von Einkünften, Vermögen und Verbindlichkeiten] ..., nicht mehr ohne Gefahr eines Nachteils selbst besorgen.

[Ort, Datum] [Unterschrift Arzt/Ärztin]

Da die eintragende Stelle in der Regel nicht über medizinisches Wissen verfügt, muss das Zeugnis für medizinische Laien verständlich formuliert sein.

Nach der Eintragung in das ÖZVV stellt die eintragende Stelle dem bzw der Angehörigen eine **Bestätigung** über die Registrierung aus.

Die **Registrierung der gesetzlichen Erwachsenenvertretung ist eine Voraussetzung dafür, dass die Vertretungsbefugnis entsteht**. Ohne die Eintragung darf der oder die Angehörige die betroffene Person nicht vertreten. Andererseits besteht die Vertretungsbefugnis auch weiter, so lange sie eingetragen ist, und zwar auch dann, wenn die Voraussetzungen weggefallen sind. Die gesetzliche Erwachsenenvertretung **erlischt von selbst nach dem Ablauf von drei Jahren** nach ihrer Eintragung, außer sie wird dann neuerlich registriert, weil die Voraussetzungen weiterhin vorliegen.

BEISPIEL

Georg Muster hatte seine Entscheidungsfähigkeit verloren und wurde von seiner Lebensgefährtin Beatrix Müller vertreten. Nachdem sich die psychische Krankheit von Herrn Muster wieder bessert und seine Entscheidungsfähigkeit wiederhergestellt ist, verabsäumen beide, das Ende der gesetzlichen Erwachsenenvertretung registrieren zu lassen.

Folge: Beatrix Müller ist weiterhin gesetzliche Erwachsenenvertreterin von Herrn Muster. Die gesetzliche Erwachsenenvertretung erlischt spätestens drei Jahre nach der Eintragung.

Damit soll auch **Rechtssicherheit für dritte Personen** hergestellt werden. Durch das ÖZVV bzw anhand einer Registrierungsbestätigung aus dem ÖZVV soll jedermann überprüfen können, ob die gesetzliche Erwachsenenvertretung entstanden bzw aufrecht ist.

Damit das ÖZVV diese Funktion erfüllen kann, muss es vollständig sein, und das wird am ehesten mit einer Registrierungspflicht erreicht.

HINWEIS

In der Praxis verlangen viele Behörden, Banken und andere Stellen häufig die Vorlage einer Registrierungsbestätigung, bevor sie tätig werden.

Erlöschen der gesetzlichen Erwachsenenvertretung

Die Vertretungsbefugnis durch eine Erwachsenenvertretung erlischt durch

- die Eintragung des Widerspruchs der vertretenen Person oder ihres Vertreters im Österreichischen Zentralen Vertretungsverzeichnis oder
- wenn das Gericht die Beendigung verfügt oder
- mit dem Ablauf von drei Jahren, sofern sie nicht zuvor erneut eingetragen wird.

Die Vertretungsbefugnis erlischt nicht schon durch den Widerspruch selbst. Dieser muss auch im Österreichischen Zentralen Vertretungsverzeichnis eingetragen werden, damit er wirksam wird.

Widerspruch

Auch im Zustand der **Geschäftsunfähigkeit** bzw bei fehlender Entscheidungsfähigkeit ist ein **Widerspruch** gegen Vertretungshandlungen in personenrechtlichen Angelegenheiten **wirksam**! Wird die Vertretungshandlung von der Vertreterin trotzdem vorgenommen, ist sie unwirksam!

BEISPIEL

Maria Gschwandner ist nicht mehr geschäftsfähig und kann aufgrund ihrer psychischen Krankheit Rechtsgeschäfte des täglichen Lebens nicht mehr selbst besorgen.

Ihre Tochter Birgit möchte ihrer Mutter helfen und sie als nahe Angehörige vertreten, indem sie Lebensmittel für ihre Mutter einkauft. Birgit teilt ihrer Mutter ihre Absicht mit.

Aufgrund ihrer Krankheit leidet Frau Gschwandner unter einer Wahnvorstellung und will nicht, dass Birgit Lebensmittel einkauft. Sie widerspricht daher ausdrücklich dieser Vertretungshandlung durch ihre Tochter.

Folge: In diesem Fall ist der Widerspruch unwirksam, weil es nicht um eine personenrechtliche Angelegenheit geht.

Die durch die Eintragung in das „Österreichische Zentrale Vertretungsverzeichnis" (ÖZVV) entstehende gesetzliche Erwachsenenvertretung ist ein Eingriff in das Selbstbestimmungsrecht eines Menschen. Der bzw die Betroffene muss bei der Eintragung selbst gar nicht mitwirken. Der Gesetzgeber wollte daher sicherstellen, dass einer entscheidungsunfähigen Person die **Ablehnung des Vertreters** möglich ist und ihm damit ein Teil der Selbstbestimmung erhalten bleibt.

Jede Person kann, um eine Vertretung durch bestimmte Verwandte zu verhindern, jederzeit ihren **Widerspruch** gegen die Vertretungsbefugnis bestimmter Angehöriger im „Österreichischen Zentralen Vertretungsverzeichnis" (ÖZVV) registrieren lassen.

Registriert eine Person vorsorglich schon vor Eintritt der eigenen Geschäftsunfähigkeit einen Widerspruch (zB gegen eine bestimmte Person) im ÖZVV, kann die Vertretungsbefugnis dieses Angehörigen gar nicht erst entstehen.

HINWEIS

Der weitere Inhalt und Zweck des ÖZVV wird im Abschnitt „Registrierung der Vertretungsbefugnis" in diesem Kapitel erklärt.

Erfolgt der Widerspruch nach Eintritt der Entscheidungsunfähigkeit, so erlischt die (bereits bestehende) Vertretungsbefugnis des nächsten Angehörigen mit der Eintragung des Widerspruchs in das ÖZVV. Das heißt der Widerspruch ist in diesem Fall wirksam, obwohl die betroffene Person gar nicht mehr entscheidungsfähig ist.

Nur ein **gerichtlicher Erwachsenenvertreter** kann auch gegen den Willen der geschäftsunfähigen Person vom Gericht bestellt werden. Widerspricht die vertretene Person also jeder Vertretung durch nahe Angehörige, bleibt die Bestellung eines gerichtlichen Vertreters als möglicher Ausweg.

HINWEIS

Das Gericht kann grundsätzlich jede geeignete volljährige Person zum gerichtlichen Erwachsenenvertreter bestellen, die bereit ist, das Amt anzunehmen. Das Gericht ist aber auch verpflichtet, das Wohl und den Willen des bzw der Entscheidungsunfähigen bei der Auswahl eines Vertreters zu berücksichtigen.

Wenn die entscheidungsunfähige Person aber noch fähig ist, die Bedeutung und Folgen einer Bevollmächtigung in Grundzügen zu verstehen, ihren Willen danach zu bestimmen und sich entsprechend zu verhalten, kann sie eine oder mehrere ihr nahestehende Personen als Erwachsenenvertreter zur Besorgung dieser Angelegenheiten auswählen (gewählte Erwachsenenvertretung).

Gesetzliche Erwachsenenvertretung und Vorsorgevollmacht

Soweit eine Vorsorgevollmacht vorliegt, kann eine gesetzliche Erwachsenenvertretung nicht entstehen, da Letztere subsidiär ist. Das heißt, die Vorsorgevollmacht verdrängt die gesetzliche Erwachsenenvertretung.

Die Vorsorgevollmacht erlischt nicht nach drei Jahren. Der bzw die Vorsorgebevollmächtigte wird im Vergleich zum gesetzlichen Erwachsenenvertreter nur sehr eingeschränkt vom Gericht überwacht. Beispielsweise muss die Vorsorgebevollmächtigte nicht regelmäßig Berichte schreiben. Die Vorsorgebevollmächtigte muss das Vermögen des Vertretenen auch nicht mündelsicher anlegen, wenn die vertretene Person das nicht verfügt hat.

Gesetzliche Erwachsenenvertretung und Patientenverfügung

Ebenso hat die Patientenverfügung Vorrang vor einer Vertretungsbefugnis. Existiert eine verbindliche Patientenverfügung, so ist insoweit kein Raum für eine gesetzliche Erwachsenenvertretung. Angehörige dürfen nicht gegen die Patientenverfügung entscheiden.

Liegt zwar keine verbindliche Patientenverfügung, wohl aber eine einfache, andere Patientenverfügung vor, so ist diese für den gesetzlichen Erwachsenenvertreter nicht verbindlich, er hat sich aber an ihr zu orientieren. Siehe dazu auch im Kapitel 4 „Medizinische Behandlungen".

Kapitel 6:

Gewählte Erwachsenenvertretung

Im Rahmen dieses Kapitels wird die gewählte Erwachsenenvertretung besprochen und die Art und Weise, wie ein gewählter Erwachsenenvertreter ernannt werden kann. Darüber hinaus wird der mögliche Wirkungsbereich einer gewählten Erwachsenenvertreterin beschrieben.

Soweit eine volljährige Person ihre Angelegenheiten aufgrund einer psychischen Krankheit oder einer vergleichbaren Beeinträchtigung ihrer Entscheidungsfähigkeit

- ➜ nicht für sich selbst besorgen kann,
- ➜ dafür keinen Vertreter hat und
- ➜ eine Vorsorgevollmacht nicht mehr errichten kann, aber
- ➜ noch fähig ist, die Bedeutung und Folgen einer Bevollmächtigung in Grundzügen zu verstehen, ihren Willen danach zu bestimmen und sich entsprechend zu verhalten,
- ➜ kann sie eine oder mehrere **ihr nahestehende Personen** als Erwachsenenvertreter zur Besorgung dieser Angelegenheiten auswählen.

„Nahestehende Personen" müssen keine Blutsverwandten sein. Es kann auch die Nachbarin oder ein enger Freund zum gewählten Erwachsenenvertreter ernannt werden.

Zweck

Die gewählte Erwachsenenvertretung ist ein Vertretungsmodell, das „besonderen Schutz der Gesetze" für diejenigen Personen bieten soll, „die ihre Angelegenheiten selbst nicht gehörig zu besorgen vermögen" (§ 21 ABGB). Dieser Schutz besteht zum einen darin, dass die Errichtung zur **Vermeidung ungewollter Vertretungsverhältnisse** an gewisse Handlungen gebunden ist. Zum anderen ist eine **gerichtliche Kontrolle** der Ausübung der Tätigkeit des gewählten Erwachsenenvertreters gegeben. Auch kann das **Gericht das Erlöschen dieser Form der gewillkürten Vertretung anordnen**, wenn dies zur Wahrung des Wohls der vertretenen Person erforderlich ist.

Personen, deren Handlungsfähigkeit nicht vermindert ist, benötigen diesen besonderen Schutz nicht und sollen daher **diese Vertretungsform auch nicht wählen können**. Wer im Vorhinein, also vor Verlust der Entscheidungsfähigkeit, Einfluss auf die Auswahl des Erwachsenenvertreters nehmen will, kann dies in Gestalt der **Erwachsenenvertreter-Verfügung** oder einer **Vorsorgevollmacht** tun.

Nahe Angehörige können grundsätzlich auch – bei Vorliegen der Voraussetzungen – als gesetzliche Erwachsenenvertreter tätig werden.

Der Umstand, dass die Vertretung auf dem aktiven Einverständnis der vertretenen Person beruht, soll dazu beitragen, dass dieses Vertretungsmodell – trotz des damit verbundenen Eingeständnisses, nicht mehr alles alleine erledigen zu können – mit größerer Zufriedenheit und Zustimmung angenommen wird.

Form

Die Vereinbarung einer gewählten Erwachsenenvertretung muss **höchstpersönlich und schriftlich** vor einem **Notar, einer Rechtsanwältin oder einem Erwachsenenschutzverein** errichtet werden.

Vor dem Abschluss der Vereinbarung sind die volljährige Person und der Erwachsenenvertreter über das Wesen und die Folgen der Erwachsenenvertretung, die Möglichkeit des jederzeitigen Widerrufs sowie die Rechte und Pflichten des gewählten Erwachsenenvertreters persönlich zu belehren. Die Notarin, der Rechtsanwalt oder die Mitarbeiterinnen und Mitarbeiter des Erwachsenenschutzvereins haben **die Vornahme dieser Belehrung in der Vereinbarung zu dokumentieren**.

Die Vereinbarung über die gewählte Erwachsenenvertretung ist von einem Notar, einer Rechtsanwältin oder einem Erwachsenenschutzverein im Österreichischen Zentralen Vertretungsverzeichnis **einzutragen**.

Wer kann einen gewählten Erwachsenenvertreter bzw eine gewählte Erwachsenenvertreterin ernennen?

Die volljährige Person muss aufgrund einer

- ➔ psychischen Krankheit oder
- ➔ einer vergleichbaren Beeinträchtigung
- ➔ in ihrer Entscheidungsfähigkeit beschränkt sein.
- ➔ Es muss ein gewisser Schweregrad der Beeinträchtigung gegeben sein, weil weitere Voraussetzung ist, dass die Person deshalb ihre Angelegenheiten nicht für sich selbst besorgen kann.
- ➔ Auf die Gefahr eines Nachteils für die betroffene Person kommt es – anders als bei der gesetzlichen oder gerichtlichen Erwachsenenvertretung – nicht an, weil der Vertreter hier frei gewählt ist.

Die betroffene Person muss jedoch noch fähig sein, **die Bedeutung und Folgen einer Bevollmächtigung in Grundzügen zu verstehen und sich entsprechend zu verhalten**. Die Person muss aber über die Fähigkeit **nur in eingeschränktem Maße** verfügen. Es genügt also eine geminderte Entscheidungsfähigkeit.

In der Praxis kann die registrierende Person (Notarin, Rechtsanwalt, Mitarbeiterin eines Erwachsenenschutzvereins) entscheiden, ob die Entscheidungsfähigkeit noch in ausreichendem Maß gegeben ist. Es ist aber hilfreich, wenn die Angehörigen des oder der Betroffenen eine Stellungnahme eines Arztes einholen, der die ausreichende Entscheidungsfähigkeit bestätigt.

Liegt diese Fähigkeit noch vor, so hat die Person die Möglichkeit, eine nahestehende Person (oder mehrere nachstehende Personen) zu ihrem Vertreter in bestimmten Angelegenheiten zu wählen. Aufgrund der konstitutiven Wirkung der Eintragung im Österreichischen Zentralen Vertretungsverzeichnis besteht die Vertretungsbefugnis auch dann, wenn – zB aufgrund einer Fehleinschätzung der registrierenden Person – die eingeschränkte Entscheidungsfähigkeit tatsächlich nicht gegeben war.

HINWEIS

Die „konstitutive“ Wirkung der Eintragung bedeutet, dass die gewählte Erwachsenenvertretung allein durch ihre Eintragung entsteht, auch wenn die Voraussetzungen in Wirklichkeit gar nicht vorgelegen sind. Diese Wirkung soll das Vertrauen des Rechtsverkehrs auf die Richtigkeit des Registers schützen. Jeder der in das ÖZVV Einsicht nimmt, soll darauf vertrauen können, dass das, was darin steht, richtig ist.

Hegt der Notar, die Rechtsanwältin oder die Mitarbeiterin des Erwachsenenschutzvereins am Vorliegen der Voraussetzungen der gewählten Erwachsenenvertretung oder an der Eignung der Person, die als Erwachsenenvertreter eingetragen werden soll, begründete Zweifel, so hat er oder sie die Eintragung abzulehnen und bei begründeten Anhaltspunkten für eine Gefährdung des Wohles der volljährigen Person unverzüglich das Pflegschaftsgericht zu verständigen.

Wirkungsbereich

Die volljährige Person und ihr gewählter Erwachsenenvertreter haben eine Vereinbarung zu schließen und dabei die Vertretungsbefugnisse des Erwachsenenvertreters festzulegen.

Die Vereinbarung über die gewählte Erwachsenenvertretung kann – ausgenommen die Vertretung vor Gericht – vorsehen, dass der Erwachsenenvertreter nur im Einvernehmen mit der vertretenen Person rechtswirksam Vertretungshandlungen vornehmen kann. Ebenso kann die Vereinbarung – ausgenommen die Vertretung vor Gericht – vorsehen, dass die vertretene Person selbst **nur mit Genehmigung des Erwachsenenvertreters** rechtswirksam Erklärungen abgeben kann.

Die Vertretungsbefugnisse können einzelne Angelegenheiten oder Arten von Angelegenheiten betreffen. Die Übertragung der Angelegenheiten umfasst, soweit nichts anderes vereinbart ist, **immer auch die Vertretung vor Gericht**. In allen Fällen kann die Vertretungsbefugnis aber auch auf die Ausübung von Einsichts- und Auskunftsrechten beschränkt werden.

Im Gegensatz zur gesetzlichen und gerichtlichen Erwachsenenvertretung erlischt die gewählte Erwachsenenvertretung nicht nach drei Jahren.

Kapitel 7:

Vorsorgevollmacht

Mit einer Vorsorgevollmacht kann man regeln, wer einen im Fall der eigenen Geschäftsunfähigkeit vertreten soll. Dieses Kapitel erläutert, welche Befugnisse dem Vertreter bzw der Vertreterin eingeräumt werden können und wie eine Vorsorgevollmacht errichtet werden muss, damit sie wirksam ist.

Mit einer Vorsorgevollmacht kann im Vorhinein bestimmt werden, wer eine Person im Falle von deren Geschäftsunfähigkeit vertreten soll.

Das Gesetz schreibt auch vor, dass in jenen Bereichen, für die eine Vorsorgebevollmächtigung existiert, ein gewählter, gerichtlicher oder gesetzlicher Erwachsenenvertreter nicht vertreten darf. Durch die Vorsorgevollmacht kann also vor allem auch die Bestellung eines gerichtlichen Erwachsenenvertreters vermieden werden.

Die Vollmacht gebende Person kann auch die Umwandlung einer bestehenden Vollmacht in eine Vorsorgevollmacht bei Eintritt des Vorsorgefalls anordnen.

Die Rechte und Pflichten einer Vorsorgebevollmächtigten sowie den Umfang der Vorsorgevollmacht kann der bzw die Vollmachtgebende weitgehend selbst festlegen. Das ist ein weiterer Vorteil der Vorsorgevollmacht gegenüber der gerichtlichen oder gesetzlichen Erwachsenenvertretung.

Die Grenzen dessen, was ein gerichtlicher oder gesetzlicher Erwachsenenvertreter darf, sind im Gesetz nur allgemein formuliert, weil die Regeln betreffend die Erwachsenenvertretung auf eine Vielzahl von Fällen anwendbar sein sollen. Eine Vorsorgevollmacht kann hingegen konkrete (Einzel-)Fälle behandeln und genaue Handlungsanleitungen oder -anweisungen geben und auf diese Art sehr genau auf die Person des bzw der Vollmachtgebenden zugeschnitten werden.

Andererseits jedoch werden Erwachsenenvertreter bei ihrer Tätigkeit vom Gericht strenger überwacht. Vorsorgebevollmächtigte unterliegen dagegen keiner strengen gerichtlichen Kontrolle. Vorsorgebevollmächtigte müssen dem Gericht gegenüber beispielsweise keine jährlichen Berichte abgeben. Handelt jedoch der oder die Vorsorgebevollmächtigte objektiv zum Nachteil des Vollmachtgebers, so kann jeder trotz Vorliegens einer Vorsorgevollmacht das Gericht darüber informieren. Das Gericht hat dann zu prüfen, ob zum Wohle der betroffenen Person doch eine gerichtliche Erwachsenenvertreterin zu bestellen ist. Das Gericht kann auch die Vorsorgevollmacht für beendet erklären.

Das Gesetz unterscheidet nicht mehr zwischen der einfachen Vorsorgevollmacht, die man ohne Mitwirkung eines Rechtsanwalts, einer Notarin oder des Gerichts errichten kann, und der qualifizierten Vorsorgevollmacht, bei der die Mitwirkung eines Notars, einer Rechtsanwältin oder des Gerichts notwendig ist. Seit 1.7.2018 ist die Vorsorgevollmacht **immer vor einer Notarin, einem Rechtsanwalt oder einem Erwachsenenschutzverein höchstpersönlich und schriftlich zu errichten**.

An der Errichtung einer Vorsorgevollmacht darf jedoch ein Erwachsenenschutzverein nicht mitwirken, wenn die Vorsorgevollmacht auch Unternehmen, Stiftungen, Liegenschaften oder im Ausland befindliches Vermögen betrifft oder sonst besondere Rechtskenntnisse erforderlich sind.

Wer kann eine Vorsorgevollmacht erteilen?

Grundsätzlich kann jede geschäftsfähige Person eine Vorsorgevollmacht erteilen. Sogar mündige Minderjährige (ab Vollendung des 14. Lebensjahres ist man „mündiger Minderjähriger") können eine Vorsorgevollmacht errichten. Allerdings nur in jenen Bereichen, in denen sie bereits selbst geschäftsfähig sind.

HINWEIS

Mündige Minderjährige sind noch nicht voll geschäftsfähig. Sie dürfen daher noch nicht über alle Angelegenheiten eine Vorsorgevollmacht errichten. Im Allgemeinen dürfen mündige Minderjährige über Sachen, die ihnen zur freien Verfügung überlassen worden sind, und über ihr Einkommen aus eigenem Erwerb (zB aus Ferialjobs) soweit verfügen und sich verpflichten, als dadurch nicht die Befriedigung ihrer Lebensbedürfnisse gefährdet wird.

Im Einzelfall kann es schwierig sein festzustellen, durch welche Geschäfte die Befriedigung der Lebensverhältnisse des Minderjährigen gefährdet ist. Zu Kontoüberziehungen, die der mündige Minderjährige nicht in naher Zukunft ausgleichen kann, ist er beispielsweise nicht berechtigt.

Da die Errichtung der Vorsorgevollmacht ein **höchstpersönliches Rechtsgeschäft** ist, kann sie nicht mittels Vollmacht durch einen Stellvertreter errichtet werden.

Wenn zwischen Errichtung und Wirksamwerden der Vorsorgevollmacht weniger als ein Jahr vergangen ist, darf das Grundbuchsgericht vermuten, dass der Vollmachtgeber bereits im Zeitpunkt der Errichtung der Vorsorgevollmacht nicht mehr geschäftsfähig war. Näheres zu diesem Thema steht in diesem Kapitel unter „Grundbuchvollmacht".

Vorsorgefall

Als Vorsorgefall wird die Situation bezeichnet, für die eine Vorsorgevollmacht gedacht ist. Der Vorsorgefall tritt ein, wenn die Vollmacht gebende Person die zur Besorgung der anvertrauten Angelegenheiten **erforderliche Entscheidungsfähigkeit verliert**.

Einschränkungen der **Äußerungsfähigkeit** bewirken für sich genommen nicht den Eintritt des Vorsorgefalls. Der völlige Verlust der Äußerungsfähigkeit wird in der Regel jedoch mit dem Verlust der Entscheidungsfähigkeit verknüpft sein. Ansonsten werden Willenserklärungen (etwa auch Bevollmächtigungen) durch „allgemein angenommene Zeichen" (zB Kopfnicken) zustande kommen können. Zudem gibt es derzeit schon viele Methoden, mit Menschen zu kommunizieren, denen die Äußerungsfähigkeit im klassischen Sinn fehlt (zB Messung der Augenbewegungen). Der Gesetzgeber will verhindern, dass das Bemühen um den Erhalt oder Wiederaufbau dieser Kommunikationsfähigkeiten durch erweiterte Vertretungsregeln umgangen wird.

Es besteht grundsätzlich auch die Möglichkeit, dass die Wirksamkeit einer Vollmacht an andere Umstände als den **Verlust der Entscheidungsfähigkeit** anknüpft. Dann handelt es sich aber nicht mehr um eine Vorsorgevollmacht, sondern um eine normale aufschiebend bedingte oder befristete Vollmacht, für die die speziellen Regeln (und Begünstigungen) für Vorsorgevollmachten nicht gelten.

HINWEIS

„**Aufschiebend bedingt**" bedeutet, dass die Wirksamkeit der Vollmacht vom Eintritt eines ungewissen Ereignisses (zB einer Eheschließung etc) abhängt.

„**Aufschiebend befristet**" bedeutet, dass die Wirksamkeit der Vollmacht vom Eintritt eines bestimmt eintretenden Ereignisses (zB Datum, Tod etc) abhängt.

BEISPIEL

Anton Plasser ist vierzig Jahre alt und besitzt mehrere Liegenschaften. Er errichtet eine Vollmacht, in der steht: „Sobald ich das fünfzigste Lebensjahr erreiche, soll meine Lebensgefährtin Clara Messner in meinem Namen eine meiner Liegenschaften zur Deckung meines Pflegebedarfs zu einem marktüblichen Preis verkaufen können."

Die in diesem Beispiel erteilte Vollmacht knüpft nicht an einen Vorsorgefall an, sondern an das Alter von Herrn Plasser. Die besonderen Bestimmungen über die Vorsorgevollmacht sind daher nicht anwendbar. Das führt im konkreten Fall dazu, dass die Vollmacht für das Grundbuchsgericht nicht ausreichend ist. Seine Lebensgefährtin kann den Verkauf der Liegenschaft mit dieser Vollmacht daher nicht durchführen, da die Formerfordernisse nicht erfüllt sind. Eine solche Vollmacht kann auch nicht im Österreichischen Zentralen Vertretungsverzeichnis registriert werden. Diese Registrierung ist jedoch eine Voraussetzung für die Wirksamkeit der Vorsorgevollmacht.

HINWEIS

Im Abschnitt „Grundbuchsvollmacht" in diesem Kapitel wird darauf eingegangen, welche Voraussetzungen eine Vollmacht erfüllen muss, damit sie vom Grundbuchsgericht akzeptiert wird. Das obige Beispiel dient an dieser Stelle nur zur Illustration, dass es einen Unterschied macht, ob man eine Vorsorgevollmacht oder eine normale Vollmacht errichtet.

Ausdrücklich gesetzlich vorgesehen ist nunmehr die Kombination von „normaler" Vollmacht und Vorsorgevollmacht: Manchmal soll die Vollmacht bereits gelten, wenn die Vollmacht gebende Person (noch) über die erforderliche Entscheidungsfähigkeit verfügt. Zunächst ist sie als so genannte „schlichte" Vollmacht wirksam. Die besonderen Vorschriften für Vorsorgevollmachten kommen in diesem Fall noch nicht zur Anwendung.

Tritt dann aber der Vorsorgefall ein und wird dieser registriert, so entsteht aus der Vollmacht eine Vorsorgevollmacht. Wesentlich ist, dass die Vollmacht gebende Person die Fortgeltung der Vollmacht bei Eintritt des Vorsorgefalls ausdrücklich anordnet. Fehlt eine solche Anordnung, so ist die Vollmacht dennoch weiter wirksam, aber als „schlichte" Vollmacht. Der Eintritt des Vorsorgefalls kann in diesem Fall nicht registriert werden.

Eine Formulierung könnte beispielsweise lauten:

FORMULIERUNGSBEISPIEL

Diese Vorsorgevollmacht ist ab sofort wirksam. Wenn ich meine Entscheidungsfähigkeit in den genannten Angelegenheiten verliere, wird diese Vollmacht in eine Vorsorgevollmacht umgewandelt. Diese Vollmacht bleibt außerdem wirksam, wenn ich meine Entscheidungsfähigkeit wiedererlange.

Die Formulierung „… diese Vollmacht bleibt von meiner Entscheidungsfähigkeit unberührt …" reicht jedoch für die Qualifikation als Vorsorgevollmacht wahrscheinlich nicht. Es ist auch nicht ausreichend, wenn man bloß festhält, dass die Vollmacht auch über den Tod hinaus gelten soll.

Die Vollmacht gebende Person kann auch die **Umwandlung einer bestehenden Vollmacht** in eine Vorsorgevollmacht bei Eintritt des Vorsorgefalls anordnen.

FORMULIERUNGSBESPIEL

Hiermit erkläre ich, dass die von mir, Manuel Müller, geboren am 01.01.1961, am 15.02.2022 an Michael Mayer, geboren am 05.12.1982, erteilte Vollmacht eine Vorsorgevollmacht sein soll, wenn ich meine Entscheidungsfähigkeit in den genannten Angelegenheiten verliere.

Verhinderung von Missbrauch

Anders als der Erwachsenenvertreter benötigt der Vorsorgebevollmächtigte grundsätzlich für keine Vertretungshandlung eine Genehmigung durch das Gericht. Die Vollmachtgeberin kann aber beispielsweise bestimmen, dass der Vertreter ihr Vermögen nur mündelsicher anlegen darf. Siehe dazu nähere Erklärungen im Kapitel 3 unter „Vermögenssorge".

Auch im Bereich der medizinischen Behandlungen und bei der dauerhaften Verlegung des Wohnortes ist eine gerichtliche Entscheidung notwendig. Siehe dazu die entsprechenden Punkte im Kapitel „Personen und Vermögenssorge".

Ansonsten wird der oder die Vorsorgebevollmächtigte in der Regel von niemandem überwacht. Da die Vorsorgevollmacht meist recht umfangreich ist, um für alle Eventualitäten vorzusorgen, hat die bevollmächtigte Person weitreichende Befugnisse. Sie kann daher auch Dinge tun, die der Vollmachtgeber vielleicht nicht will, oder die Vollmacht zu ihrem eigenen Vorteil missbrauchen.

Aus diesem Grund sollte man nur eine Person bevollmächtigen, der man vertraut. Andererseits kann man auch durch die Gestaltung der Vorsorgevollmacht oder durch eigene Initiative Missbrauch erschweren. Darauf soll in diesem Kapitel eingegangen werden.

Überwachung der bevollmächtigten Person

Eine Überwachung der bevollmächtigten Person kann im Wesentlichen durch den Vertragspartner oder eine Dritte Person stattfinden.

BEISPIEL

Felix Anton hat Anna Brecht eine Vorsorgevollmacht erteilt und seinem besten Freund, Rainer Castro, eine Kopie der Vorsorgevollmacht übermittelt. Herr Castro weiß daher, was Frau Brecht darf und was nicht.

Nachdem die Vorsorgevollmacht wirksam wurde, geht Frau Brecht zum Autohändler Teuro und möchte für Herrn Anton ein neues Auto kaufen, obwohl in der Vorsorgevollmacht steht, dass sie das nicht darf.

Folge: In diesem Beispiel ist der Händler Teuro der „Vertragspartner". Wenn Frau Brecht ihm die Vorsorgevollmacht vorlegt, würde der Händler erkennen, dass Frau Brecht kein Auto kaufen darf. Herr Castro ist in diesem Fall der „Dritte". Erfährt er davon, dass Frau Brecht die Vorsorgevollmacht missbraucht, könnte er das Gericht darüber informieren.

Herr Anton kann seinem Freund Rainer Castro auch das Recht einräumen, die Vorsorgevollmacht zu widerrufen. Damit kann Herr Castro Frau Brecht die Vorsorgevollmacht entziehen, so dass sie nicht mehr rechtswirksam für Herrn Anton handeln kann.

Da die Vorsorgevollmacht in der Regel dem Vertragspartner beim Vertragsabschluss vorgelegt wird, darf man davon ausgehen, dass dieser sie liest. Der Vertragspartner hat nämlich ein Interesse daran, dass der in Aussicht genommene Vertragsabschluss von der Vollmacht gedeckt ist. Daher ist es ratsam, in der Vorsorgevollmacht selbst genau zu definieren, unter welchen Umständen der Abschluss von bestimmten Verträgen erlaubt ist.

Natürlich kann man sich nicht in allen Fällen auf eine wirksame Kontrolle durch eine Vertragspartnerin verlassen. Daher ist es auch möglich, in die Vorsorgevollmacht eine vom Vorsorgebevollmächtigten verschiedene Person aufzunehmen und dieser gewisse **Überwachungsrechte** einzuräumen. So kann man zum Beispiel bestimmen, dass die überwachende Person eine jährliche oder monatliche Rechnungslegung vom Bevollmächtigten verlangen darf und dass die überwachende Person auch ermächtigt ist, die Vorsorgevollmacht im Namen des Vollmachtgebers zu widerrufen, wenn sie dies für notwendig hält. Wird die Vorsorgevollmacht von der überwachenden Person widerrufen, ist der Geschäftsunfähige nicht mehr wirksam vertreten, weshalb das Gericht in diesem Fall dann einen gerichtlichen Erwachsenenvertreter zu bestellen haben wird.

HINWEIS

Der Widerruf muss in das Österreichische Zentrale Vertretungsverzeichnis eingetragen werden, damit er wirksam ist.

Soll der überwachenden Person keine Ermächtigung zum Widerruf eingeräumt werden, so kann sie, wenn sie der Ansicht ist, dass der Bevollmächtigte die Vorsorgevollmacht missbraucht oder schlecht ausübt, nur das Gericht darüber informieren. Das Gericht wird dann prüfen, ob der Bevollmächtigte im Sinn des Bevollmächtigungsvertrags tätig wird oder ob er durch seine Tätigkeit das Wohl des Vollmachtgebers gefährdet. Im letzten Fall kann das Gericht die Vorsorgevollmacht für beendet erklären und gleichzeitig einen gerichtlichen Erwachsenenvertreter bestellen, wenn Vertretungshandlungen notwendig sind.

Mehrere Vertreterinnen bzw Vertreter

Die Vorsorgevollmacht kann nicht nur an eine Person, sondern auch an mehrere erteilt werden. Die Vollmacht gebende Person kann dabei frei entscheiden, wie die Zusammenarbeit der Bevollmächtigten aussehen soll, und dies in der Vorsorgevollmacht festhalten. So kann beispielsweise festgelegt werden, dass zwei Bevollmächtigte den Vollmachtgeber stets nur gemeinsam vertreten können (Vier-Augen-Prinzip).

Dadurch ist eine wechselseitige Kontrolle gegeben. Diese Art der Bevollmächtigung hat natürlich den Nachteil geringerer Flexibilität, da sich die Bevollmächtigten über die Vertretungshandlung einig sein und beide eine Willenserklärung abgeben müssen. Ist zB einer der Bevollmächtigten länger auf Urlaub, kann bei gemeinsamer Vertretung der Verbleibende nicht alleine vertreten.

Grundsätzlich kann in ein und derselben Vorsorgevollmacht auch für bestimmte Vertretungshandlungen (zB Alltagsgeschäfte) Einzelvertretungsbefugnis, für größere Rechtsgeschäfte (Kauf und Verkauf von Liegenschaften etc) gemeinsame Vertretungsbefugnis angeordnet werden.

Überwachung durch das Gericht

Das Gericht hat die Beendigung der Vorsorgevollmacht anzuordnen und erforderlichenfalls einen gerichtlichen Erwachsenenvertreter zu bestellen, wenn die Vertreterin

- ➜ nicht oder
- ➜ pflichtwidrig tätig wird oder
- ➜ es sonst das Wohl der vertretenen Person erfordert.

Das Gericht kann also durchaus eingreifen, wenn es von diesen drei Vorgängen erfährt.

Die Vorsorgebevollmächtigte hat im Bereich der Vermögenssorge nur dann die Entscheidungen wie ein Erwachsenenvertreter zu treffen und das Geld mündelsicher anzulegen, wenn die Vollmacht gebende Person das in der Vorsorgevollmacht anordnet. Siehe dazu nähere Erklärungen im Kapitel 3 unter „Vermögenssorge".

Formen der Vorsorgevollmacht

Die Vorsorgevollmacht ist vor einem Notar, einer Rechtsanwältin oder einem Erwachsenenschutzverein höchstpersönlich und schriftlich zu errichten. An der Errichtung einer Vorsorgevollmacht darf jedoch ein Erwachsenenschutzverein nicht mitwirken, wenn die Vorsorgevollmacht auch Unternehmen, Stiftungen, Liegenschaften oder im Ausland befindliches Vermögen betrifft oder sonst besondere Rechtskenntnisse erforderlich sind.

Der Vollmachtgeber ist dabei über

- die Rechtsfolgen einer Vorsorgevollmacht,
- die Möglichkeit, allgemein oder in bestimmten Angelegenheiten die Weitergabe der Vorsorgevollmacht zu untersagen oder eine gemeinsame Vertretung durch zwei oder mehrere Bevollmächtigte vorzusehen, sowie
- die Möglichkeit des jederzeitigen Widerrufs

persönlich zu belehren. Die Notarin, der Rechtsanwalt oder die Mitarbeiterin des Erwachsenenschutzvereins hat die Vornahme dieser Belehrung in der Vollmachtsurkunde zu dokumentieren.

Der Beratung kommt im Zusammenhang mit der Errichtung von Vorsorgevollmachten generell eine hohe Bedeutung zu, sind die „schutzberechtigten Personen" – damit sind insbesondere Entscheidungsunfähige gemeint – von diesen in weiterer Folge doch in besonderem Maß betroffen, weil sie die rechtlichen Angelegenheiten des Vollmachtgebers für einen Zeitpunkt regeln, zu dem dieser das selbst nicht mehr kann.

Wenn die Vollmacht gebende Person **größeres Vermögen** hat (etwa Unternehmen, ausländische Liegenschaften etc), ist es notwendig, die Vorsorgevollmacht vor einem Notar oder einer Rechtsanwältin zu errichten, weil dann eventuell spezielle Regelungen aufzunehmen sind, deren Formulierung besonderes **Fachwissen im Bereich des Liegenschafts- oder etwa Gesellschaftsrechts erfordern** und Erwachsenenschutzvereine nach deren eigenen gesetzlichen Vorschriften die Mitwirkung zu verweigern haben.

Die Vollmacht gebende Person soll nicht nur über die Rechtsfolgen einer Vorsorgevollmacht und die Möglichkeit des jederzeitigen Widerrufs, sondern auch über die Möglichkeit belehrt werden, allgemein oder in bestimmten Angelegenheiten die Weitergabe der Vorsorgevollmacht zu untersagen oder eine gemeinsame Vertretung durch zwei oder mehrere Bevollmächtigte vorzusehen (siehe hierzu insbesondere das Kapitel „Verhinderung von Missbrauch").

Wie bereits weiter oben beschrieben, besteht die Möglichkeit, in der Vorsorgevollmacht vorzusehen, dass zwei Personen in bestimmten Angelegenheiten nur gemeinsam vertreten dürfen.

BEISPIEL

Hans Hamann ist entscheidungsunfähig. Er hat Melchior Maler und Norbert Nord eine Vorsorgevollmacht erteilt.

Darin erlaubt er es den Vorsorgebevollmächtigten, seine Liegenschaften zu verkaufen, wenn das Geld zur Deckung des Pflegebedarfs benötigt wird. Herr Hamann schreibt darin vor, dass ein Kaufvertrag von beiden Vorsorgebevollmächtigten abgeschlossen werden muss, damit dieser wirksam ist.

Melchior Maler und Norbert Nord sind jedoch unterschiedlicher Ansicht darüber, ob der Verkauf einer Liegenschaft bereits notwendig ist.

Folge: Wenn sich die beiden Vorsorgebevollmächtigten nicht einig werden, können sie die Liegenschaft nicht verkaufen, weil der Vollmachtgeber vorgeschrieben hat, dass sie in dieser Angelegenheit nur gemeinsam vertreten dürfen. Man nennt die zwingende gemeinsame Vertretung durch zwei oder mehrere Personen auch „**Gesamtvertretung**".

Durch die Möglichkeit der Gesamtvertretung soll eine gegenseitige regelmäßige Überprüfung der Vertreter erfolgen.

Dazu kommt, dass der bzw die Vorsorgebevollmächtigte bei bestimmten Entscheidungen, die die vertretene Person besonders belasten können (medizinische Behandlung gegen ihren Willen, Sterilisation, Forschung, dauerhafte Wohnortverlegung ins Ausland) der gerichtlichen Kontrolle unterliegt.

Außerdem kann dem Pflegschaftsgericht durch jedermann bekanntgegeben werden, dass ein Vorsorgebevollmächtigter zum Nachteil der vertretenen Person tätig wird, was – falls sich der Verdacht bestätigt – zur gerichtlichen Anordnung des Erlöschens der Vorsorgevollmacht und in der Regel zur Bestellung eines gerichtlichen Erwachsenenvertreters führen wird. Insgesamt soll mit diesem Regelungskonzept sowohl dem Wunsch der Vollmacht gebenden Person nach Autonomie als auch der Kontrolle Rechnung getragen werden.

Natürlich kann man die Befugnisse von Bevollmächtigten auch beliebig einschränken und ihnen beispielsweise nur die Zustimmung zu Operationen (und nicht etwa zu einer Chemotherapie) erlauben.

Wenn man bestimmte medizinische Behandlungen ablehnen will, ist eine verbindliche Patientenverfügung eher zu empfehlen als eine Vorsorgevollmacht, da sich die Patientenverfügung unmittelbar an das behandelnde medizinische Personal richtet und dieses sich an die verbindliche Patientenverfügung halten muss.

Formmängel

Wenn die Formvorschriften nicht eingehalten werden, kommt keine wirksame Vorsorgevollmacht zustande.

Die Vollmacht kann aber dennoch als „normale Vollmacht" gültig sein. In österreichischen Gesetzen sind an verschiedenen Stellen begünstigende Bestimmungen enthalten, die nur für eine gültig errichtete Vorsorgevollmacht gelten. Diese Bestimmungen sind dann nicht anwendbar.

HINWEIS

Die gesetzliche oder gerichtliche Erwachsenenvertretung kann auch dann nicht entstehen, wenn eine Vollmacht zwar keine Vorsorgevollmacht ist, aber ein Vertreter oder eine Vertreterin – eben mit einer schlichten Vollmacht – vorhanden ist. Siehe hierzu die Ausführungen unter „Vorsorgefall" in diesem Kapitel.

Annahme des Auftrags

Niemand kann gegen seinen Willen gezwungen werden, die Tätigkeit eines Vorsorgebevollmächtigten auszuüben. Der Bevollmächtigte muss daher grundsätzlich zu erkennen geben, dass er auch bereit ist, diese Tätigkeit zu übernehmen.

Verpflichtet sich die Bevollmächtigte im Innenverhältnis gegenüber der Vollmacht gebenden Person, die Arbeit zu übernehmen, so entsteht zwischen den beiden ein **Auftragsverhältnis**.

HINWEIS

Das „Innenverhältnis" bezeichnet die rechtliche Beziehung zwischen dem Vollmachtgeber und dem Bevollmächtigten.

Zur Annahme des Auftrags wäre es ausreichend, wenn der Bevollmächtigte für die Vollmacht gebende Person **tätig wird** und die Vorsorgevollmacht zum ersten Mal ausnutzt. Spätestens ab diesem Zeitpunkt hat er die Vollmacht und den Auftrag angenommen.

Es ist aber zu empfehlen, dass die Bevollmächtigte gleich zum Zeichen ihres Einverständnisses auf der Vorsorgevollmacht **mit unterschreibt** und sich dadurch auch ausdrücklich verpflichtet, die Vorsorgevollmacht auszuüben. So besteht dann kein Zweifel darüber, ob die Vorsorgevollmacht angenommen wurde und damit das Auftragsverhältnis entstanden ist. Nur wenn die Vorsorgevollmacht von der Bevollmächtigten angenommen wurde, ist die gesetzliche oder gerichtliche Erwachsenenvertretung subsidiär.

HINWEIS

Dass der Bevollmächtigte auf der Vorsorgevollmacht gleich mit unterschreibt, stellt den Regelfall dar. Dadurch wird der Bevollmächtigte nicht davon überrascht, dass er zum Vorsorgebevollmächtigten bestellt wurde, und es ist sichergestellt, dass er die Vollmacht mit allen darin enthaltenen Bestimmungen annimmt.

Besondere Anforderungen an die Vollmacht

In diesem Abschnitt soll auf besondere Anforderungen eingegangen werden, die das Gesetz an den Inhalt und die Form einer Vorsorgevollmacht in bestimmten Bereichen stellt. In diesem Zusammenhang werden auch mögliche Inhalte einer Vorsorgevollmacht dargestellt.

Alle im Folgenden erwähnten Handlungen werden in der Regel nicht zum „ordentlichen Wirtschaftsbetrieb“ einer Person gehören, also keine alltäglichen Vorgänge darstellen. Ein Erwachsenenvertreter bräuchte daher in der Regel eine gerichtliche Genehmigung, um diese Handlungen durchzuführen.

Gattungsvollmacht oder Spezialvollmacht?

Das Gesetz verlangt für die Vorsorgevollmacht, dass die Vollmacht gebende Person die Angelegenheiten, in denen der oder die Bevollmächtigte vertretungsbefugt sein soll, konkret bezeichnet.

Eine allgemeine Vollmacht alleine kann **keine Vorsorgevollmacht** sein. Eine allgemeine Vollmacht würde beispielsweise lauten:

FORMULIERUNGSBEISPIEL

Ich, Anton Arlinger, bevollmächtige hiermit Berta Besic dazu, mich in allen Angelegenheiten, ohne irgendeine Beschränkung, nach bestem Wissen und Gewissen zu vertreten.

Das Gesetz verlangt für eine wirksame Vorsorgevollmacht zumindest eine sogenannte **Gattungsvollmacht.** Das bedeutet, dass in der Vollmacht zumindest die Art (= Gattung) des Geschäfts, zu dem die Vertreterin berechtigt sein soll, erwähnt sein muss.

Folgende Geschäfte muss man in der Vorsorgevollmacht zumindest der Gattung nach erwähnen, wenn der Vertreter dazu berechtigt sein soll:

- Kauf oder Verkauf von Sachen
- die Vergabe oder Aufnahme von Krediten und Darlehen
- Entgegennahme von Zahlungen

- ➜ Anhängigmachen von Prozessen (= zB Klagen)
- ➜ Abschluss von Vergleichen

Bei der Entgegennahme von Zahlungen ist es egal, aus welchem Grund sie erfolgen. Es kann sich dabei beispielsweise um die Entgegennahme eines Kaufpreises, von Schadenersatzzahlungen, um Kreditraten oder Pensionszahlungen handeln. Es ist in jedem Fall eine Gattungsvollmacht erforderlich.

Grundsätzlich kennt das Gesetz auch **Spezialvollmachten**. Spezialvollmachten sieht das Gesetz für Geschäfte vor, die typischerweise besonders starke wirtschaftliche Auswirkungen auf das Vermögen der Vollmacht gebenden Person haben. „Spezialvollmacht" bedeutet, dass die Vollmacht das Geschäft genau bezeichnen muss, die bloße Erwähnung der Gattung des Geschäfts reicht nicht. Es müssten außerdem auch der Vertragspartner und andere wesentliche Elemente des Geschäfts schon in der Vollmacht enthalten sein.

HINWEIS

Zu diesen Elementen zählen bei einem Kaufvertrag der Kaufpreis, die Beschreibung der Sache und der Vertragspartner. Bei einem Vertrag über eine Liegenschaft müsste die genaue grundbücherliche Bezeichnung der Liegenschaft bereits in der Vollmacht enthalten sein.

Dem Gesetzgeber ist jedoch bewusst, dass man eine Vorsorgevollmacht Jahre oder Jahrzehnte vor dem eigentlichen Geschäft errichtet. Viele Details über zukünftige Geschäfte, wie beispielsweise den Vertragspartner, kennt die Vollmacht gebende Person bei der Errichtung der Vorsorgevollmacht in der Regel noch nicht.

Der Gesetzgeber geht daher von folgender Regel aus: Wird die Vertretungsbefugnis zu Geschäften, für die ansonsten eine Spezialvollmacht erforderlich ist, **im Rahmen einer allgemeinen Vollmacht** erteilt – wie es bei Vorsorgevollmachten üblich ist –, dann reicht die Erwähnung der **Gattung** des Geschäfts grundsätzlich in diesem Fall aus. An dieser Stelle wird daher nicht näher auf die Erfordernisse einer reinen Spezialvollmacht eingegangen.

Folgende Geschäfte müssen im Rahmen einer allgemeinen Vollmacht ebenfalls der Gattung nach erwähnt werden, wenn der oder die Bevollmächtigte dazu berechtigt sein soll:

- unbedingte Annahme oder Ausschlagung einer Erbschaft

HINWEIS

Eine Erbschaft kann auf zwei Arten angenommen werden: bedingt oder unbedingt. Im ersten Fall ist die Haftung der Erbin für Schulden des Verstorbenen beschränkt. Im zweiten Fall haftet die Erbin unbeschränkt. Nur die unbedingte Erbantrittserklärung muss in der Vollmacht erwähnt sein, wenn der oder die Bevollmächtigte zu ihrer Abgabe berechtigt sein soll. Die Ausschlagung einer Erbschaft ist hingegen immer nur unbedingt möglich und müsste daher in der Vollmacht ebenfalls erwähnt werden.

- die Errichtung von Gesellschaftsverträgen
- das Verschenken von Sachen
- die Wahl eines Schiedsrichters oder einer Schiedsrichterin

HINWEIS

Die Wahl eines Schiedsrichters kommt vor allem im Zusammenhang mit Gesellschaftsverträgen oder Kaufverträgen, in welchen Schiedsklauseln enthalten sind, vor. Für Verbraucherinnen und Verbraucher gilt, dass für zukünftige Streitigkeiten getroffene Schiedsvereinbarungen unwirksam sind.

- die unentgeltliche Aufgabe von Rechten

HINWEIS

Die unentgeltliche Aufgabe von Rechten umfasst auch den Erlass von Schulden und überhaupt jeden Verzicht auf Rechte, die der Vollmacht gebenden Person zustehen, wenn sie dafür keine angemessene Gegenleistung erhält.

Eine Formulierung könnte beispielsweise lauten:

FORMULIERUNGSBEISPIEL

Der Vollmachtnehmer ist insbesondere auch bevollmächtigt und ermächtigt, den Vollmachtgeber in den folgenden, in § 1008 ABGB angeführten Geschäften zu vertreten:

Er ist dazu berechtigt, Sachen zu veräußern, Sachen entgeltlich zu erwerben und Sachen zu verschenken, Kredite zu gewähren und aufzunehmen, Geld-, Geldeswert sowie alle Zahlungen in Empfang zu nehmen, Vergleiche aller Art zu schließen, unbedingte Erbantrittserklärungen abzugeben und Erbschaften auszuschlagen, Vermögenserklärungen abzugeben, Gesellschaftsverträge zu errichten, Schiedsverträge abzuschließen, Schiedsrichter zu wählen und Rechte unentgeltlich aufzugeben.

Die Anforderungen an die Genauigkeit der Bezeichnung der konkreten Geschäfte werden nicht hoch angesetzt, da die Vorsorgevollmacht in der Regel zu einem Zeitpunkt errichtet wird, zu dem noch nicht feststeht, welche Geschäfte in Zukunft durchgeführt werden sollen.

Wenn der Bevollmächtigte zur „Wahrnehmung von abgabenrechtlichen Angelegenheiten" bevollmächtigt wird, kann er beispielsweise auch eine Anmeldung und Veranlagung über FinanzOnline für die Vollmacht gebende Person durchführen.

Für manche Geschäfte schreibt das Gesetz vor, dass ein Notariatsakt errichtet werden muss, damit das Geschäft gültig ist. Dies gilt beispielsweise für die Errichtung von Gesellschaftsverträgen einer GmbH oder AG und für Schenkungsverträge ohne Übergabe des Schenkungsgegenstandes. Es empfiehlt sich daher, auch folgenden Satz aufzunehmen:

FORMULIERUNGSBEISPIEL

Die Vollmachtnehmerin ist auch berechtigt, Notariatsakte über die angeführten Geschäfte zu errichten.

Weitere Anforderungen an Vollmachten

An verschiedenen Stellen im Gesetz hat der Gesetzgeber weitere Anforderungen formuliert, die eine Vollmacht erfüllen muss, um gültig zu sein. Es würde den Rahmen dieses Ratgebers sprengen, auf alle Möglichkeiten einzugehen. Im Folgenden sollen daher nur die wichtigsten Einzelfälle behandelt werden.

Zu beachten ist insbesondere, dass die im Folgenden genannten Inhalte nicht Gegenstand von Vollmachten sein können, die vor einem Erwachsenenschutzverein errichtet werden. Im Erwachsenenschutzvereinsgesetz ist geregelt, dass der Verein die Mitwirkung an der Errichtung der Vollmacht ablehnen muss, wenn die Vollmacht gebende Person Unternehmen, Stiftungen oder Liegenschaften oder im Ausland befindliche sonstige Vermögenswerte zum Gegenstand machen möchte oder sonst besondere Rechtskenntnisse erforderlich sind.

Grundbuchsvollmacht

Das Grundbuch ist ein mittlerweile elektronisch geführtes Verzeichnis aller Liegenschaften und der sich darauf beziehenden dinglichen Rechte. Ein Verkauf einer Liegenschaft beispielsweise muss im Grundbuch eingetragen werden, damit der Übergang des Eigentums wirksam ist.

Das **Grundbuchsgesetz** schreibt vor, dass eine Vollmacht zur Übertragung (zB Verkauf) oder Aufgabe (zB Verzicht) von Rechten entweder

- ➜ eine Spezialvollmacht sein muss oder
- ➜ eine nicht mehr als drei Jahre alte Gattungsvollmacht sein muss oder
- ➜ eine Vorsorgevollmacht sein muss.

Eine weitere Voraussetzung für eine wirksame Grundbuchsvollmacht ist, dass die **Unterschrift** der Vollmacht gebenden Person auf der Vollmacht **beglaubigt** ist, unabhängig davon, um welche Art von Vollmacht es sich handelt.

HINWEIS

Beglaubigung der Unterschrift bedeutet, dass ein Notar oder ein Gericht bestätigt, dass die Unterschrift auf der Urkunde tatsächlich von der Person stammt, die laut Urkunde unterzeichnet hat.

Wenn die Vollmacht von einer Notarin als Notariatsakt errichtet wird, ersetzt das die Beglaubigung der Unterschrift.

Damit eine **Spezialvollmacht** vorläge, müssten die konkrete Liegenschaft, die Vertragspartner und allenfalls der Kaufpreis schon in der Vollmacht enthalten sein. Das ist für Vorsorgevollmachten unpraktisch, da diese meist Jahre oder sogar Jahrzehnte vor dem Geschäft errichtet werden und diese Daten noch nicht bekannt sind.

Eine **Gattungsvollmacht** – die allgemeiner formuliert sein darf und keine genauen Angaben zur Liegenschaft und über die Vertragspartner enthalten muss – müsste nach den Bestimmungen des Grundbuchsgesetzes grundsätzlich **jünger als drei Jahre** sein. Auch dieses Kriterium ist bei Vorsorgevollmachten schwer zu erfüllen. Aus diesem Grund hat der Gesetzgeber eine **Ausnahme für Vorsorgevollmachten** eingeführt:

Wird eine Vollmacht, die auch Eintragungen zulasten der Vollmacht gebenden Person ermöglicht (zB Verkauf, Schenkung, Verpfändung oder den Verzicht auf grundbücherliche Rechte), im Rahmen einer Vorsorgevollmacht erteilt, dann ist es egal, wann die Vollmacht ausgeübt wird. Auch zehn oder mehr Jahre nach ihrer Errichtung ist die Vorsorgevollmacht noch gültig und der oder die Bevollmächtigte kann Liegenschaften des Vollmachtgebers verkaufen oder verschenken, ohne dass eine Spezialvollmacht vorliegen muss.

Dasselbe gilt auch für die gewählte Erwachsenenvertretung. Auch eine **gewählte Erwachsenenvertreterin** kann noch nach Ablauf von drei Jahren Eintragungen zulasten des Vertretenen im Grundbuch vornehmen.

An dieser Stelle kommen wir kurz auf das obige Beispiel im Abschnitt „Vorsorgefall“ zurück, das jetzt geklärt ist. Das Beispiel wird der Einfachheit halber hier wiederholt:

BEISPIEL

Anton Plasser ist vierzig Jahre alt und besitzt mehrere Liegenschaften. Er errichtet eine Vollmacht, in der steht: „Sobald ich das fünfzigste Lebensjahr erreiche, soll meine Lebensgefährtin Clara Messner in meinem Namen eine meiner Liegenschaften zur Deckung meines Pflegebedarfs zu einem marktüblichen Preis verkaufen können.“

Folge: Herr Plasser hat weder die Liegenschaften noch die Käufer ausdrücklich bezeichnet, daher ist die obige Vollmacht nur dann gültig, wenn Herr Plasser sie im Rahmen einer Vorsorgevollmacht erteilt. Dann kann Frau Clara Messner sich auch noch nach dem Ablauf von drei Jahren darauf berufen.

Der Oberste Gerichtshof hat ausgesprochen, dass ein **enger zeitlicher Zusammenhang** zwischen Errichtung der Vorsorgevollmacht und ihrer Aktivierung die Vermutung nahelegt, dass der Vollmacht gebenden Person **schon im Zeitpunkt der Errichtung der Vorsorgevollmacht die Entscheidungsfähigkeit gefehlt** hat. Ein enger zeitlicher Zusammenhang kann angenommen werden, wenn zwischen Errichtung und Aktivierung ein Zeitraum von weniger als einem Jahr liegt.

Dies ist insbesondere problematisch, wenn es um die Übertragung von Liegenschaften geht. Das Verfahren vor dem Grundbuchsgericht ist ein reines Urkundenverfahren. Das heißt, das Gericht entscheidet über die Eintragungen nur aufgrund der vorgelegten Urkunden. Es werden im Zuge dessen beispielsweise keine Zeugen vernommen.

Das Gericht kann das Gesuch des oder der Vorsorgebevollmächtigten auf Eintragung eines neuen Eigentümers daher vergleichsweise einfach abweisen, wenn der Zeitraum zwischen Errichtung der Vorsorgevollmacht und ihrer Aktivierung zu kurz ist, weil in diesen Fällen dem Gericht in der Praxis kaum nachgewiesen werden kann, dass die Vollmacht gebende Person im Zeitpunkt der Errichtung der Vorsorgevollmacht doch geschäftsfähig war.

BEISPIEL

Anton Artner erteilt seiner Tochter Karoline Kovacs eine Vorsorgevollmacht, in der er sie unter anderem dazu ermächtigt, seine Wohnung zu verkaufen. Anton Artners Zustand verschlechtert sich nach Errichtung der Vollmacht schnell, sodass die Vollmacht drei Monate nach ihrer Errichtung schon aktiviert wird. Anton Artner muss aufgrund seines schlechten Zustands in ein Pflegeheim übersiedeln. Die dadurch entstehenden Kosten sollen auch durch den Verkauf seiner Wohnung abgedeckt werden.

Karoline Kovacs findet nach über einem Jahr endlich einen Käufer. Gemeinsam mit diesem beauftragt sie einen Notar damit, den Kauf abzuwickeln.

Folge: Da zwischen Errichtung und Aktivierung der Vorsorgevollmacht weniger als ein Jahr liegt, besteht die Gefahr, dass das Grundbuchsgericht den Antrag auf Eintragung des Käufers aufgrund von Bedenken über die Geschäftsfähigkeit von Anton Artner im Zeitpunkt der Errichtung der Vorsorgevollmacht abweist.

Man sollte daher darauf achten, dass die Vorsorgevollmacht ausreichend früh errichtet wird, um diesem Problem aus dem Weg zu gehen.

Vollmacht zur Errichtung eines Notariatsaktes

Die Notariatsordnung schreibt vor, dass Vollmachten zur Errichtung eines Notariatsaktes von einem Notar oder Gericht beglaubigt sein müssen. Auch hier gilt, dass die Errichtung der Vollmacht selbst als Notariatsakt die Beglaubigung der Unterschrift ersetzt. Folgende Verträge müssen beispielsweise als Notariatsakt errichtet werden, um gültig zu sein:

- ➜ Schenkungen ohne wirkliche Übergabe (zB bei Vorbehalt eines Wohnungsgebrauchsrechtes)
- ➜ Gesellschaftsverträge von GmbHs und AGs
- ➜ Kaufverträge über Geschäftsanteile von GmbHs
- ➜ Satzungen von Stiftungen
- ➜ Erb- und Pflichtteilsverzichtsverträge
- ➜ zwischen Ehegatten geschlossene Kauf-, Tausch-, Renten- und Darlehensverträge und Schuldbekenntnisse, welche von einem Ehegatten dem anderen abgegeben werden

Die genannten Geschäfte müssen dem oder der Bevollmächtigten außerdem in der Vorsorgevollmacht ausdrücklich erlaubt werden.

Vollmacht für Versammlungen der Wohnungseigentümer

Alle Wohnungseigentümerinnen und -eigentümer eines Mehrfamilienhauses werden hin und wieder zu Eigentümerversammlungen geladen, in denen auch Beschlüsse gefasst werden können, die dann alle Wohnungseigentümer des Hauses binden.

Das Äußerungs- und Stimmrecht in diesen Versammlungen kann über eine Vollmacht durch andere Personen ausgeübt werden. Das Gesetz schreibt für solche Vollmachten vor, dass diese entweder

- nicht älter als drei Jahre oder
- Vorsorgevollmachten

sein müssen. Wie oben bei der Grundbuchsvollmacht hat der Gesetzgeber auch hier eine Privilegierung für Vorsorgevollmachten vorgesehen, wodurch die in der Vorsorgevollmacht enthaltene Äußerungs- und Stimmrechtsvollmacht auch älter als drei Jahre sein kann, ohne dass sie ihre Wirksamkeit verliert.

BEISPIEL

Gerald Macho erteilt seinem Cousin Robert Binder die Vollmacht, ihn in den Eigentümerversammlungen aller Liegenschaften, bei denen Herr Macho Wohnungseigentümer ist, zu vertreten. Vier Jahre, nachdem Herr Macho die Vollmacht erteilt hat, möchte Robert Binder in Herrn Machos Vertretung an einer Eigentümerversammlung teilnehmen.

Folge: Nur wenn Gerald Macho die Vollmacht im Rahmen einer Vorsorgevollmacht erteilt hat, kann Robert Binder ihn auch noch vier Jahre nach Erteilung der Vollmacht in einer Eigentümerversammlung vertreten.

Vollmacht für Beschlüsse und Generalversammlungen einer GmbH

Ist die Vollmacht gebende Person Inhaberin eines Geschäftsanteils einer Gesellschaft mit beschränkter Haftung (GmbH), ist es in ihrem Interesse, wenn sie auch nach dem Verlust ihrer Geschäftsfähigkeit durch einen Vertreter an der Willensbildung der Gesellschaft teilnehmen kann.

Will die Vollmacht gebende Person, dass der oder die Vorsorgebevollmächtigte ihn bei der Beschlussfassung in einer GmbH vertritt, so muss sie dies ausdrücklich in der Vorsorgevollmacht erwähnen.

Eine Formulierung könnte beispielsweise lauten:

FORMULIERUNGSBEISPIEL

Der Bevollmächtigte ist zur Ausübung des Stimmrechts in meinem Namen in Generalversammlungen oder bei Umlaufbeschlüssen berechtigt.

Natürlich können einzelne Beschlussgegenstände auch von der Vollmacht ausgenommen werden:

FORMULIERUNGSBEISPIEL

Die Bevollmächtigte ist jedoch nicht berechtigt, einer Kapitalherabsetzung zuzustimmen.

Wenn man Geschäftsanteile einer GmbH besitzt, sollte man sich umfassend von einem Notar oder einer Notarin über die möglichen Inhalte der Vollmacht beraten lassen und die Person des Bevollmächtigten sorgfältig auswählen. Ideal wäre es, wenn der oder die Bevollmächtigte schon Erfahrungen als Gesellschafter einer GmbH gesammelt hat.

Verliert ein GmbH-Gesellschafter seine Geschäftsfähigkeit und hat er keine Vorsorgevollmacht errichtet, kann ein Erwachsenenvertreter das Stimmrecht in der GmbH ausüben.

HINWEIS

Eine GmbH benötigt immer auch zumindest einen Geschäftsführer bzw eine Geschäftsführerin. Der Geschäftsführer einer GmbH kann seine Befugnisse nicht im Rahmen einer Vorsorgevollmacht einer anderen Person übertragen.

Sobald der Geschäftsführer seine Geschäftsfähigkeit verliert, verliert er auch seine Stellung als Geschäftsführer. Gab es nur einen Geschäftsführer, ist die GmbH danach handlungsunfähig. In einem solchen Fall müssen entweder die Gesellschafter oder das Gericht einen neuen Geschäftsführer bestellen.

Insichgeschäfte

Es kann der Fall eintreten, dass der bzw die Bevollmächtigte selbst mit der Vollmacht gebenden Person einen Vertrag abschließen will, wenn diese schon nicht mehr geschäftsfähig ist. Wenn der Bevollmächtigte im eigenen Namen und als Vertreter einer anderen Person einen Vertrag abschließt, nennt man das **Selbstkontrahieren**.

BEISPIEL

Beate Wimmer ist Vorsorgebevollmächtigte von Günther Weller. Herr Weller hat Frau Wimmer bevollmächtigt, ein paar seiner Liegenschaften zu verkaufen, um den Pflegebedarf zu finanzieren. Beate Wimmer möchte jetzt gerne selbst eine Liegenschaft von Günther Weller kaufen, weil sie ihr gefällt.

Es kann auch vorkommen, dass eine Person zwei Personen vertritt, die miteinander einen Vertrag abschließen wollen. Das nennt man **Doppelvertretung**.

BEISPIEL

Stefan Binder ist Bevollmächtigter von Roland Bittner und Andreas Miedler. Herr Bittner braucht eine Liegenschaft, Herr Miedler will eine verkaufen. Bevollmächtigter Stefan Binder möchte daher in beider Namen einen Kaufvertrag abschließen.

Der Überbegriff für beide Fälle lautet: Insichgeschäfte.

Insichgeschäfte sind grundsätzlich **unwirksam,** weil meist die Gefahr besteht, dass die Interessen zumindest eines der Beteiligten nicht ausreichend berücksichtigt werden. In beiden Beispielen möchte immer ein Beteiligter so wenig wie möglich zahlen, der andere aber so viel wie möglich erhalten. Beide Interessen werden jedoch von einer einzigen Person vertreten. Es besteht daher die Gefahr, dass ein Beteiligter zu kurz kommt.

Sollte man der Bevollmächtigten ausreichend vertrauen, kann man sie ausdrücklich dazu ermächtigen, Insichgeschäfte abzuschließen. Dann sind diese wirksam. Es ist aber besser, für diesen Fall einen zweiten Vorsorgebevollmächtigten zu bestellen:

FORMULIERUNGSBEISPIEL

Für den Fall, dass der Vorsorgebevollmächtigte A im eigenen Namen oder im Namen eines anderen einen Vertrag mit mir abschließen will, soll mich B bei diesem Geschäft vertreten. Insichgeschäfte des A sind untersagt und jedenfalls unwirksam.

Vertretung vor Banken

Sobald die Bevollmächtigte berechtigt sein soll, über Konten der Vollmacht gebenden Person zu verfügen, sollte man sie auch ausdrücklich dazu berechtigen, **Zahlungen in Empfang zu nehmen**. Alle Auszahlungen und Abhebungen von Konten der Vollmacht gebenden Person fallen nämlich darunter.

Es ist natürlich auch im Rahmen von Bankgeschäften möglich, konkret zu regeln, welche Handlungen der Bevollmächtigte vornehmen darf. Beispielsweise kann man ihm verbieten, Konten zu schließen, Abhebungen auf einen bestimmten Betrag begrenzen usw. Man sollte aber bedenken, dass man damit die Arbeit des Bevollmächtigten unter Umständen erheblich erschwert. Vertraut man dem Bevollmächtigten nicht ausreichend, sollte man ihm die Vollmacht gar nicht erst erteilen.

HINWEIS

Als eine Art Mittelweg kann in der Vorsorgevollmacht bestimmt werden, dass auch der Vorsorgebevollmächtigte nur mündelsichere Anlageformen verwenden darf. Dann gelten für ihn dieselben Bestimmungen wie für Erwachsenenvertreterinnen und -vertreter hinsichtlich der Geldanlage (siehe dazu Kapitel 4 unter Vermögenssorge – Geldanlage).

In Österreich gilt außerdem (derzeit) immer noch das **Bankgeheimnis**. Die Banken sind grundsätzlich nicht berechtigt, Bevollmächtigten Auskünfte über Kontostände, Kontonummern und andere Daten zu erteilen. Das kann die Arbeit des oder der Bevollmächtigten erheblich erschweren und manche Aufgaben unmöglich machen.

Die Vollmacht gebende Person sollte daher in der Vorsorgevollmacht schriftlich festhalten, dass die Banken gegenüber dem oder der Bevollmächtigten **vom Bankgeheimnis entbunden** sind. Eine Formulierung könnte beispielsweise lauten:

FORMULIERUNGSBEISPIEL

Die Bevollmächtigte ist berechtigt, über alle meine Vermögenswerte bei Banken zu verfügen und alles zu tun, was sie für notwendig oder nützlich hält. Dazu zählt unter anderem die Eröffnung und Schließung von Konten, Wertpapierdepots, Bausparverträgen und Sparbüchern in meinem Namen, das Abheben und Überweisen von Geld sowie der Kauf und Verkauf von Wertpapieren.

Alle Banken werden hiermit ausdrücklich von der Wahrung des Bankgeheimnisses gegenüber der Bevollmächtigten entbunden. Diese Entbindung gilt jedoch nur für die Dauer der Wirksamkeit der Vorsorgevollmacht.

Wenn die Vollmacht auch zu Verfügungen über ein Pensionskonto berechtigen soll, empfiehlt es sich, den Bevollmächtigten auch zur Abgabe einer Haftungserklärung (auch „Pensionskonto-Erklärung") für die allfällige Rückzahlung von Pensionszahlungen zu ermächtigen. Durch eine solche Erklärung erhält die pensionsauszahlende Stelle das Recht, nach dem Tod des Kontoinhabers zu viel bezahlte Pension selbstständig zurückfordern zu können. Diese Haftungserklärung ist die Voraussetzung dafür, dass die Pension ausgezahlt wird. Eine Formulierung könnte lauten:

FORMULIERUNGSBEISPIEL

Der Bevollmächtigte ist dazu ermächtigt, in meinem Namen zu erklären, dass zu Unrecht auf mein Bankkonto überwiesene Pensionszahlungen an die pensionsauszahlende Stelle zurücküberwiesen werden können.

Vertretung vor Ärztinnen und Ärzten

Sobald die Vollmacht gebende Person nicht mehr entscheidungsfähig ist, kann sie medizinischen Behandlungen nicht mehr selbst zustimmen.

Durch die Vorsorgevollmacht kann man sich die **Person aussuchen**, die über Behandlungen entscheiden soll. Es kann sich dabei selbstverständlich auch um jemanden handeln, mit dem man nicht verwandt ist. Die Vorsorgevollmacht gibt der Vollmacht gebenden Person damit einen großen Gestaltungsspielraum.

Will man eine medizinische Behandlung überhaupt ablehnen, empfiehlt es sich eher, eine **Patientenverfügung** zu errichten. Diese kann auch mit der Vorsorgevollmacht verbunden und gemeinsam errichtet werden.

HINWEIS

Details zur Patientenverfügung finden sich unten im Kapitel „Patientenverfügung".

Details zur Zustimmung zu medizinischen Behandlungen durch Vertreterinnen und Vertreter finden sich in Kapitel 4 unter „Medizinische Behandlungen".

Verschwiegenheitspflicht

Ähnlich wie Banken unterliegen auch Ärztinnen und Ärzte einer Verschwiegenheitspflicht und dürfen dem Bevollmächtigten daher grundsätzlich keine Auskunft über den Inhalt der Krankenakte der Vollmacht gebenden Person erteilen. Der Bevollmächtigte kann in diesem Fall aber keine informierte Entscheidung über die Notwendigkeit einer Behandlung treffen.

Aus diesem Grund empfiehlt es sich, Ärztinnen und Ärzte gegenüber einer Bevollmächtigten von der **Verschwiegenheitspflicht zu entbinden**. Eine Formulierung könnte beispielsweise lauten:

FORMULIERUNGSBEISPIEL

Alle mich behandelnden Ärztinnen und Ärzte werden dem Bevollmächtigten gegenüber von der Verschwiegenheitspflicht entbunden. Diese Entbindung gilt jedoch nur für die Dauer der Wirksamkeit der Vorsorgevollmacht.

Rechte und Pflichten des bzw der Bevollmächtigten

Ein Vorsorgebevollmächtigter hat danach zu trachten, dass die vertretene Person im Rahmen ihrer Fähigkeiten und Möglichkeiten ihre Lebensverhältnisse nach ihren Wünschen und Vorstellungen gestalten kann, und sie, **soweit wie möglich**, in die Lage zu versetzen, ihre Angelegenheiten selbst zu besorgen.

Eine Vorsorgebevollmächtigte hat die vertretene Person von beabsichtigten, ihre Person oder ihr Vermögen betreffenden Entscheidungen rechtzeitig zu verständigen und ihr die Möglichkeit zu geben, sich dazu in angemessener Frist zu äußern. Die Äußerung der vertretenen Person ist zu berücksichtigen, es sei denn, ihr Wohl wäre hierdurch erheblich gefährdet.

Aus dem Auftragsverhältnis heraus trifft den Bevollmächtigten eine **Interessenwahrungs- und Treuepflicht**. Der Bevollmächtigte hat bei Besorgung der anvertrauten Angelegenheiten dem **Willen der Vollmacht gebenden Person zu entsprechen** und **ihr Wohl zu fördern**. Dabei ist es egal, ob der Wille in der Vorsorgevollmacht selbst enthalten ist oder ob die Vollmacht gebende Person ihren Willen der Bevollmächtigten nur mündlich mitgeteilt hat.

Natürlich ist der schriftlich festgehaltene Wille leichter zu beweisen. Besondere Wünsche der Vollmacht gebenden Person sollten daher in der Vorsorgevollmacht enthalten sein, ebenso gewisse Handlungsleitlinien.

Auch wenn die Vollmacht gebende Person nach Eintritt des Vorsorgefalles ihren Willen äußert oder er aus den Umständen des Einzelfalles hervorgeht, hat der Bevollmächtigte diesen Willen zu berücksichtigen, es sei denn, ihr Wohl wäre hierdurch erheblich gefährdet.

BEISPIEL

Judith Ragoner leidet unter der Wahnvorstellung, dass die Heimhilfe sie bestiehlt. Sie teilt ihrer Vorsorgebevollmächtigten mit, dass sie aus diesem Grund eine andere Heimhilfe beauftragen soll.

Folge: Wenn eine andere Heimhilfe die Aufgaben genauso gut erledigen kann, hat die Vorsorgebevollmächtigte dem Willen von Frau Ragoner zu entsprechen und eine andere Heimhilfe zu beauftragen.

Die Bevollmächtigte ist auch verpflichtet, den Willen der Vollmacht gebenden Person zu erforschen. Nur wenn kein Wille zu ermitteln ist, darf die Bevollmächtigte tun, was ihrer eigenen Meinung nach das Wohl der Vollmacht gebenden Person bestmöglich fördert.

Der Bevollmächtigte wird **bis auf wenige Ausnahmen nicht vom Gericht überwacht.** Das Gericht schreitet erst ein, wenn es davon erfährt, dass der Bevollmächtigte das Wohl der Vollmacht gebenden Person gefährdet. Das ist dann der Fall, wenn sich der Bevollmächtigte nicht an den Willen der Vollmacht gebenden Person hält oder ihr Nachteile zufügt. Letzteres kann passieren, wenn der Bevollmächtigte wiederholt schlecht wirtschaftet und beispielsweise ohne vernünftigen Grund viel Geld der Vollmacht gebenden Person ausgibt.

Das Gericht greift dann (allenfalls über Anregung eines Dritten) ein, und kann in diesem Fall einen gerichtlichen Erwachsenenvertreter bestellen oder die Vorsorgevollmacht für beendet erklären.

HINWEIS

Die Vollmachtgeberin sollte zumindest einer weiteren Person ihren Willen mitteilen, damit diese den Bevollmächtigten überwachen kann. Sie kann dieser Person beispielsweise eine Kopie der Vorsorgevollmacht übermitteln.

Wenn diese Person den Eindruck hat, dass der Bevollmächtigte seine Befugnisse missbraucht oder den Willen der Vollmachtgeberin nicht berücksichtigt, kann der „Überwacher“ das Gericht informieren.

Noch weiter kann man gehen, indem man entweder zwei Bevollmächtigte benennt, die nur gemeinsam handeln können (Vier-Augen-Prinzip), oder indem man in der Vorsorgevollmacht explizit eine zweite Person benennt, die den primär Bevollmächtigen überwachen soll (Überwachungsbevollmächtigter).

Der Bevollmächtigte hat grundsätzlich das Recht, seine **Aufwendungen ersetzt** zu erhalten.

BEISPIEL

Alois Pertl ist Vorsorgebevollmächtigter von Monika Albers. Weil Herr Pertl keine Zeit hatte, Geld von Frau Albers Konto abzuheben, bezahlt er einen Einkauf für Frau Albers mit seinem eigenen Geld.

Folge: Herr Pertl kann sich die Kosten des Einkaufs von Frau Albers ersetzen lassen und das Geld nachträglich von deren Konto abheben. Natürlich muss Herr Pertl auch zu Abhebungen vom Konto von Frau Albers berechtigt sein.

Die Vollmacht gebende Person und der Bevollmächtigte können auch vereinbaren, dass der Bevollmächtigte eine **Entlohnung** für seine Tätigkeit erhält. Das wird vor allem dann vorkommen, wenn der Bevollmächtigte die Vollmacht im Rahmen seiner beruflichen Tätigkeit übernimmt.

BEISPIEL

Rudolf Sattler vereinbart mit seinem Rechtsanwalt, dass dieser ihn in allen Angelegenheiten vertreten soll, wenn Herr Sattler seine Entscheidungsfähigkeit verliert. Herr Sattler unterzeichnet dazu eine Vorsorgevollmacht und übergibt sie seinem Anwalt. Weiters wird vereinbart, dass der Anwalt ein Honorar für seine Tätigkeit als Bevollmächtigter erhält, sobald die Vorsorgevollmacht wirksam wird.

Die Bevollmächtigte ist aus dem Auftragsverhältnis heraus verpflichtet, der Vollmacht gebenden Person **Rechnung über ihre Tätigkeit zu legen**. Die Bevollmächtigte sollte daher alle Belege aufheben, mit denen sie beweisen kann, wofür sie das Geld der Vollmacht gebenden Person ausgegeben hat. Nach dem Tod der Vollmacht gebenden Person geht das Recht zur Rechnungskontrolle auf die Erbinnen und Erben über.

HINWEIS

Die Rechnungslegung kann die Vollmacht gebende Person auch selbst verlangen, wenn sie ihre Entscheidungsfähigkeit wiedererlangt. Auch ein vom Gericht bestellter Erwachsenenvertreter hat das Recht, Einsicht in die Rechnungen zu verlangen.

Weitergabe der Vollmacht

Die Vollmacht gebende Person kann in der Vorsorgevollmacht bestimmen, dass die Bevollmächtigte die Vollmacht nicht weitergeben darf. Dies kann entweder allgemein oder hinsichtlich einzelner Angelegenheiten bestimmt werden.

Wenn nichts zu diesem Thema in der Vollmacht vereinbart wurde, gilt das allgemeine Auftragsrecht. Danach ist die Weitergabe der Vollmacht nur in Fällen erlaubt, wenn die Weitergabe durch die Umstände unvermeidlich ist – etwa die Weitergabe an eine Anwältin zur Vertretung in einem Prozess, in dem nur Anwälte vertreten dürfen.

Registrierung und Vertrauensschutz

Die Vorsorgevollmacht soll in der Regel erst dann wirksam werden, wenn der „Vorsorgefall" eintritt. Dessen ungeachtet kann die Vorsorgevollmacht auch so gestaltet werden, dass sie sofort wirksam wird. Dann muss jedoch ausdrücklich geregelt sein, dass sie im Vorsorgefall weitergelten soll, andernfalls verliert sie den Charakter als Vorsorgevollmacht.

Der „Vorteil" der sofort wirksamen Vorsorgevollmacht liegt darin, dass der Vollmachtnehmer sofort tätig werden kann und Dritten nicht den Eintritt des Vorsorgefalles nachweisen muss. In der Regel wird jedoch vereinbart, dass die Vorsorgevollmacht erst mit Eintritt des Vorsorgefalles wirksam wird. Hier stellt sich die Frage, wie Dritten der Eintritt des Vorsorgefalles nachgewiesen werden kann.

Dazu hat der Gesetzgeber das **Österreichische Zentrale Vertretungsverzeichnis** (**ÖZVV**) ins Leben gerufen. Im ÖZVV muss einerseits registriert werden, dass es eine Vorsorgevollmacht gibt, und andererseits, dass die Vorsorgevollmacht wirksam oder aber, dass sie widerrufen wurde.

Die Vorsorgevollmacht ist erst mit Registrierung der Wirksamkeit im ÖZVV wirksam.

Nur ein **Notar**, eine Rechtsanwältin oder eine Mitarbeiterin eines Erwachsenenschutzvereins kann das Wirksamwerden und den Widerruf der Vorsorgevollmacht im ÖZVV registrieren. Für die Registrierung des Wirksamwerdens müssen dem Registrierenden die **Vorsorgevollmacht und ein ärztliches Zeugnis** darüber, dass der Vollmacht gebenden Person Entscheidungsfähigkeit fehlt, vorgelegt werden.

Der Arzt sollte in seinem Zeugnis eine **für Laien verständliche Formulierung** wählen, da das ärztliche Zeugnis die einzige Entscheidungsgrundlage für die Notarin, den Rechtsanwalt oder den Mitarbeiter eines Erwachsenenschutzvereins ist. Ein Zeugnis, das die Minimalanforderungen erfüllt, könnte lauten (Inhalte in eckiger Klammer müssen angepasst werden):

FORMULIERUNGSBEISPIEL

Ärztliches Zeugnis

Hiermit bestätige ich, A, [Adresse, Telefonnummer], Facharzt/Fachärztin für [Neurologie usw], dass Herr/Frau X, geboren am [Geburtsdatum], aufgrund [der Krankheit Y] in allen in der Vorsorgevollmacht genannten Angelegenheiten entscheidungsunfähig ist.

[Ort, Datum] [Unterschrift Arzt/Ärztin]

Nach der Registrierung erhält der Bevollmächtigte vom Registrierenden eine **Bestätigung** über die Registrierung des Wirksamwerdens der Vorsorgevollmacht. Darin stehen auch noch weitere Hinweise über die Rechte und Pflichten des Bevollmächtigten. Ein Dritter darf nun auf den Eintritt des Vorsorgefalles vertrauen, wenn ihm der Bevollmächtigte bei Vornahme einer Vertretungshandlung diese Bestätigung vorlegt.

HINWEIS

Weitere Informationen zum ÖZVV finden Sie in Kapitel 7.

Ende der Vorsorgevollmacht

Wann die Vorsorgevollmacht und Erwachsenenvertretung im Allgemeinen endet, wurde in Kapitel 3 angeführt. Hier soll auf einige Besonderheiten der Vorsorgevollmacht eingegangen werden.

Widerruf, Kündigung oder Wegfall des Vorsorgefalles

Die Vorsorgevollmacht kann grundsätzlich jederzeit von der Vollmacht gebenden Person widerrufen werden. Der Widerruf muss auch im ÖZVV **registriert** werden, damit er wirksam ist. Der Notar hat die Bevollmächtigte dann vom Widerruf zu informieren und sie darauf hinzuweisen, dass sie die Vorsorgevollmacht nicht (mehr) verwenden darf.

Die Auflösung der Vorsorgevollmacht durch einen **Widerruf oder eine Kündigung** erfasst auch die Vollmacht, aus der sich die Vorsorgevollmacht entwickelt hat, weil nicht anzunehmen ist, dass jemand, der zu erkennen gibt, dass er von seinem Vorsorgebevollmächtigten nicht mehr vertreten werden will, es wünscht, dass dieser auf Basis einer „gewöhnlichen" Vollmacht weiter tätig ist.

Wenn die Bevollmächtigte die Vollmacht trotz Kenntnis des Widerrufs verwendet, hat sie jeden dadurch entstandenen **Schaden zu ersetzen.**

Ein Problem gibt es, wenn die Vollmacht gebende Person **nach Eintritt der Geschäftsunfähigkeit** die Vorsorgevollmacht widerrufen will. Damit der Widerruf wirksam abgegeben werden kann, muss die Vollmacht gebende Person grundsätzlich geschäftsfähig sein. Nach dem Eintritt des Vorsorgefalles ist die Geschäftsfähigkeit in der Regel aber nicht mehr vorhanden.

Hier schafft das Gesetz durch **Sonderregeln** Abhilfe: Wenn die geschäftsunfähige Vollmachtgeberin zu erkennen gibt, dass sie vom Vollmachtnehmer nicht mehr vertreten sein will, sieht das Gesetz vor, dass das ausreicht, um den Widerruf der Vorsorgevollmacht im ÖZVV zu registrieren. Ohne eine solche Registrierung gilt die Vorsorgevollmacht weiter.

Zur Eintragung des Widerrufs kann sich die vertretene Person einer (auch vom Vertreter verschiedenen) dritten Person bedienen; der Notar, die Rechtsanwältin oder der Erwachsenenschutzverein wird dann aber das Gespräch mit der vertretenen Person suchen müssen, um abzuklären, ob sie tatsächlich – wie behauptet – die Vertretung beenden will.

Auch auf Verlangen des Vertreters bzw der Vertreterin ist die Eintragung vorzunehmen.

Sollte niemand die Eintragung des Widerrufs vornehmen, kann das Gericht auch anordnen, dass die Vorsorgevollmacht als beendet gilt, wenn es davon erfährt, dass die Vorsorgevollmacht widerrufen oder gekündigt wurde.

Grundsätzlich ist es egal, aus welchem Grund die Vollmacht gebende Person die Vertretung durch den Bevollmächtigten ablehnt. Die Ablehnung kann unter Umständen auch irrational sein, muss aber dennoch Beachtung finden. Manche Juristinnen und Juristen verlangen aber zumindest eine minimale Entscheidungsfähigkeit, damit der Widerruf des Geschäftsunfähigen zu beachten ist.

BEISPIEL

Aline Wurzer hat Kathrin Barta eine Vorsorgevollmacht erteilt, die bereits wirksam wurde. Frau Wurzer ist komplett entscheidungsunfähig. Sie antwortet auf jede Frage, die ihr gestellt wird, mit „Nein". Eines Tages fragt sie Frau Barta: „Willst du eigentlich noch, dass ich dich vertrete?". Frau Wurzer antwortet sofort mit „Nein".

Folge: Dieser Widerruf beruht auf keiner intellektuellen Reflexion durch Frau Wurzer. Man kann davon ausgehen, dass sie über die Frage nicht einmal nachgedacht hat. Dieser Widerruf ist daher nach Ansicht mancher Juristinnen und Juristen unbeachtlich.

Erfährt der Notar davon, dass die Vollmacht gebende Person nicht mehr vertreten sein will, hat er das Ende der Wirksamkeit der Vorsorgevollmacht im ÖZVV zu registrieren und das Gericht von der Schutzbedürftigkeit der Vollmacht gebenden Person zu verständigen.

Tod der Vollmacht gebenden Person

Die Vertretung erlischt jedenfalls mit dem **Tod** des Vertreters oder des Vertretenen. Im Allgemeinen Vollmachtsrecht ist vorgesehen, dass eine Vollmacht auch über den Tod des Vertretenen hinaus gelten kann, wenn das beispielsweise vereinbart wird.

Eine Vorsorgevollmacht kann jedoch nicht über den Tod hinaus gültig sein und zwar auch dann nicht, wenn das ausdrücklich vereinbart wurde. Nach dem Tod kann die Vollmacht höchstens noch als „normale“ Vollmacht weiter gelten. Auf diese Vollmacht sind die besonderen Bestimmungen zur Vorsorgevollmacht nicht anwendbar und sie kann auch nicht im ÖZVV eingetragen werden.

Tod des oder der Bevollmächtigten

Stirbt der Bevollmächtigte, so erlischt die Vorsorgevollmacht grundsätzlich ohne weiteres, wenn es nur einen Bevollmächtigten gab.

Gab es mehrere Bevollmächtigte, können die noch lebenden Bevollmächtigten die Vorsorgevollmacht weiter ausüben, wenn die Vollmacht dies ihrem Inhalt nach zulässt.

Kündigung durch den Bevollmächtigten bzw die Bevollmächtigte

Es ist denkbar, dass eine Bevollmächtigte, die die Vorsorgevollmacht schon angenommen hat, sie aus irgendeinem Grund nicht mehr ausüben will. In diesem Fall hat die Bevollmächtigte das Recht, die Vollmacht zu kündigen. Allerdings sieht das Gesetz auch für den Zugang der Kündigung vor, dass die Vollmacht gebende Person geschäftsfähig sein muss.

Vor Eintritt der Geschäftsunfähigkeit ist die Kündigung durch den Bevollmächtigten kein Problem. Es empfiehlt sich, eine schriftliche Kündigung vorzunehmen, um diese zu dokumentieren.

Nach Eintritt der Geschäftsunfähigkeit kann die Kündigung der Vollmacht gebenden Person nicht mehr wirksam zugehen. Der Bevollmächtigte muss daher erst das Gericht darüber informieren, dass er die Vorsorgevollmacht nicht mehr weiter ausüben will. Da ein Bevollmächtigter, der die Vorsorgevollmacht nicht mehr ausüben will, eine potenzielle Bedrohung für das Wohl der geschäftsunfähigen Vollmacht gebenden Person ist, wird das Gericht die Vorsorgevollmacht für beendet erklären und allenfalls einen gerichtlichen Erwachsenenvertreter bestellen, wenn dies notwendig ist.

Auslandsbezug

Am 1. Februar 2014 ist in Österreich das Haager Erwachsenenschutzübereinkommen in Kraft getreten. Nach diesem Übereinkommen ist es möglich, dass die Vollmacht gebende Person das Recht wählt, das auf die Vorsorgevollmacht angewendet werden soll. Ihre Wahl ist jedoch eingeschränkt. Die Staaten, deren Recht gewählt werden kann, sind

- ➔ ein Staat, dessen Staatsbürgerschaft die Vollmacht gebende Person besitzt;
- ➔ der Staat des jetzigen oder eines früheren gewöhnlichen Aufenthalts der Vollmacht gebenden Person;
- ➔ ein Staat, in dem sich Vermögen der Vollmacht gebenden Person befindet, hinsichtlich dieses Vermögens.

Nach dem letzten Punkt ist es also auch möglich zu bestimmen, dass das Recht verschiedener Staaten auf verschiedene Vermögensmassen angewendet werden soll.

BEISPIEL

Herr Müller hat Konten bei Banken in Deutschland und in Tschechien. Er lebt jedoch in Österreich. Er kann also bestimmen, dass für das Geld in Deutschland deutsches und für das Geld auf den tschechischen Konten tschechisches Recht anzuwenden ist.

Die Vollmacht gebende Person kann die Rechte aller Staaten wählen, in denen sie jemals einen gewöhnlichen Aufenthalt hatte, und nicht nur das Recht des letzten Staates, in dem sie sich gewöhnlich aufgehalten hat.

Ohne eine solche Rechtswahl gilt das Recht jenes Staates, in dem die Vollmacht gebende Person zum Zeitpunkt der Errichtung der Vorsorgevollmacht ihren gewöhnlichen Aufenthalt hat.

BEISPIEL

Armin Cornet ist französischer Staatsbürger und lebt mit seiner Familie in Deutschland. Herr Cornet fährt auf Urlaub nach Österreich. Dort trifft er einen netten Notar und errichtet bei ihm eine Vorsorgevollmacht. Armin Cornet wählt kein Recht.

Folge: Auf die Vorsorgevollmacht wäre mangels Rechtswahl deutsches Recht anzuwenden, da Herr Cornet dort seinen gewöhnlichen Aufenthalt hat.

Auch wenn man später in ein anderes Land zieht, gilt für die Vorsorgevollmacht weiterhin das Recht jenes Staates, in dem man zum Zeitpunkt der Errichtung den gewöhnlichen Aufenthalt hatte.

Das gewählte Recht bzw das Recht des Staates des gewöhnlichen Aufenthalts ist maßgeblich für

- das Bestehen,
- den Umfang,
- die Änderung und
- die Beendigung

der Vorsorgevollmacht. Nach dem gewählten Recht bzw dem Recht des Staates des gewöhnlichen Aufenthalts richtet sich beispielsweise, ob die Registrierung der Vollmacht eine Voraussetzung für ihre Wirksamkeit ist.

HINWEIS

In Österreich ist die Eintragung des Eintritts des Vorsorgefalles in das Österreichische Zentrale Vertretungsverzeichnis eine Voraussetzung dafür, dass die Vorsorgevollmacht entsteht.

Die Art und Weise der Ausübung der Vorsorgevollmacht wird vom Recht des Staates bestimmt, in dem sie ausgeübt wird. Danach richtet sich auch, welche Schutzwirkungen die Registrierung der Vorsorgevollmacht entfaltet. In Österreich wäre das der Schutz des Vertrauens auf die Wirksamkeit der Vollmacht.

Eine nach ausländischem Recht gültig errichtete Vorsorgevollmacht kann auch in Österreich in das ÖZVV eingetragen werden.

Um die Wirksamkeit einer ausländischen Vorsorgevollmacht im ÖZVV registrieren zu können, ist – wie bei inländischen Vorsorgevollmachten – ein ärztliches Zeugnis erforderlich.

Die Bestimmungen des Haager Erwachsenenschutzübereinkommens sind nicht auf Patientenverfügungen oder Erwachsenenvertreterverfügungen anwendbar.

Kapitel 8:

Erwachsenen-vertreter-Verfügung

Dieses Kapitel beschäftigt sich mit der Erwachsenenvertreter-Verfügung, ihrer Form und wer sie unter welchen Voraussetzungen errichten kann.

Eine Person kann in einer Erwachsenenvertreter-Verfügung jemanden bezeichnen, der für sie als Erwachsenenvertreter tätig oder nicht tätig werden soll. Die verfügende Person muss hierfür fähig sein, die Bedeutung und Folgen einer Erwachsenenvertretung sowie der Verfügung in Grundzügen zu verstehen, ihren Willen danach zu bestimmen und sich entsprechend zu verhalten.

Die Erwachsenenvertreter-Verfügung muss **schriftlich** vor einem **Notar, einer Rechtsanwältin oder einem Mitarbeiter eines Erwachsenenschutzvereins** errichtet und im **Österreichischen Zentralen Vertretungsverzeichnis** eingetragen werden. Hegt die eintragende Person Bedenken gegen das Vorliegen der Entscheidungsfähigkeit der verfügenden Person, so hat sie die Eintragung abzulehnen und bei begründeten Anhaltspunkten für eine Gefährdung des Wohles der volljährigen Person unverzüglich das Pflegschaftsgericht zu verständigen. Das Pflegschaftsgericht ist das Bezirksgericht, das für den Wohnsitz der betroffenen Person zuständig ist.

Die verfügende Person kann die Erwachsenenvertreter-Verfügung **jederzeit widerrufen**. Der Widerruf muss von einer Notarin, einem Rechtsanwalt oder einer Mitarbeiterin eines Erwachsenenschutzvereins im Österreichischen Zentralen Vertretungsverzeichnis eingetragen werden. Die Eintragung hat auf Verlangen der vertretenen Person zu erfolgen. Für den Widerruf genügt es, dass die verfügende Person zu erkennen gibt, dass die Verfügung nicht mehr gelten soll. Auf diese Möglichkeit kann sie nicht verzichten.

Die Erwachsenenvertreter-Verfügung kann gleich in die Vorsorgevollmacht mitaufgenommen werden.

Die Wirkung der Verfügung geht aber über die Vorsorgevollmacht hinaus. Die in der Erwachsenenvertreter-Verfügung bezeichnete Person ist nämlich **zugleich naher Angehöriger** und kann damit auch als **gesetzlicher Erwachsenenvertreter** tätig werden. Dies ist besonders von Bedeutung, wenn die Vorsorgevollmacht nur einen ganz bestimmten Bereich abdeckt. Die in der Erwachsenenvertreter-Verfügung bezeichnete Person kann den Entscheidungsunfähigen dann auch in anderen Bereichen als gesetzliche Erwachsenenvertreterin vertreten.

FORMULIERUNGSBEISPIEL

Ich, Karl Giebler, geboren am 05.05.1976, ersuche für den Fall, dass ich meine Geschäftsfähigkeit oder Entscheidungsfähigkeit verlieren sollte, Frau Sonja Giebler, 12.08.1973, als meine Erwachsenenvertreterin tätig zu werden.

Kapitel 9:

Patientenverfügung

Die Patientenverfügung ist ein Mittel der Selbstbestimmung im medizinischen Bereich. Mit ihr kann im Vorhinein bestimmt werden, welche medizinischen Heilbehandlungen für den Fall des späteren Verlustes der Einsichts-, Urteils- oder Äußerungsfähigkeit vom Patienten oder der Patientin abgelehnt werden. Die Möglichkeiten und Grenzen der Patientenverfügung werden in diesem Kapitel erläutert.

Solange man einsichts-, urteils- und äußerungsfähig ist, kann man einem Arzt selbst mitteilen, ob man mit einer Behandlung einverstanden ist oder nicht. Der Arzt ist grundsätzlich verpflichtet, den Willen eines Patienten oder einer Patientin zu befolgen.

Unter gewissen Umständen, zB nach einem schweren Unfall, ist ein Mensch aber manchmal nicht mehr in der Lage, seinen Willen zu äußern. Vor allem für ältere Menschen stellt sich zunehmend die Frage, wie sie mit der „letzten Lebensphase“, die unter Umständen ein Leben abhängig von Maschinen sein kann, umgehen wollen. Die moderne Medizin ermöglicht die Lebenserhaltung auch in Situationen, in denen früher rasch der Tod des Betroffenen eingetreten wäre. Viele Menschen wollen jedoch „natürlich sterben“.

In einer Patientenverfügung kann im Voraus geregelt werden, was im Krankheitsfall gelten soll und welche Behandlungen abgelehnt werden. Sie wird wirksam, sobald ein Mensch im Zeitpunkt der notwendigen Behandlung nicht mehr einsichts- urteils- oder äußerungsfähig ist.

HINWEIS

Einsichts- und Urteilsfähigkeit sowie Entscheidungsfähigkeit sind für die Zwecke dieses Ratgebers dasselbe. Die Einsichts- und Urteilsfähigkeit wird in Kapitel 1 als Entscheidungsfähigkeit besprochen.

Äußerungsunfähigkeit liegt dann vor, wenn ein Mensch sich **nur** aufgrund einer **körperlichen** oder **chronischen** Krankheit nicht mehr äußern kann, er **geistig aber vollkommen gesund** (also einsichts- und urteilsfähig) ist. Ein Beispiel ist die Krankheit Amyotrophische Lateralsklerose (ALS). Das ist jene Krankheit, unter der beispielsweise der Physiker Stephen Hawking litt.

BEISPIEL

Evelyn Schmutzer kann sich aufgrund einer Lähmungserkrankung nicht mehr äußern. Sie ist jedoch bei klarem Verstand und voll geschäfts-, einsichts- und urteilsfähig.

Wesentlich ist: Mit einer Patientenverfügung kann man lediglich medizinische Behandlungen **ablehnen**. Die behandelnde Ärztin kann daher nicht zur Vornahme bestimmter Behandlungen verpflichtet werden. Wurden erhöhte Formvorschriften bei der Errichtung einer Patientenverfügung eingehalten, ist diese **verbindlich** und der Arzt muss sich daran halten.

Der Regelfall ohne Patientenverfügung

Grundsätzlich ist ein Arzt – wenn eine Patientin nicht ansprechbar oder äußerungsunfähig ist – verpflichtet, alles zu unternehmen, um die Patientin am Leben zu erhalten.

BEISPIEL

Ein Patient, der keine Patientenverfügung errichtet hat, wird durch den Rettungsdienst nach einem Autounfall in ein Krankenhaus gebracht. Er ist bewusstlos, hat viel Blut verloren und würde ohne fremdes Blut bald sterben. Die Religion des Patienten verbietet es ihm jedoch, fremdes Blut anzunehmen. Angehörige sind dem Krankenhaus keine bekannt.

Folge: Der Arzt hat in diesem Fall eine Bluttransfusion durchzuführen, um das Leben des Patienten zu retten. Andernfalls bestünde die Gefahr, dass er sich der unterlassenen Hilfeleistung strafbar macht.

Dasselbe gilt auch, wenn eine Patientin zwar bei Bewusstsein ist, ihr aber offensichtlich die Einsichts- und Urteilsfähigkeit fehlt. Das kann beispielsweise der Fall sein, wenn sie aufgrund eines Schocks schon grundlegende Dinge wie ihre persönlichen Daten nicht mehr nennen kann. Dann wird man von dieser Patientin nicht erwarten können, dass sie eine überlegte Entscheidung über ihre Behandlung trifft.

Wenn der Patient selbst die Einwilligung nicht erteilen kann, keine verbindliche Patientenverfügung vorliegt und nicht Gefahr im Verzug ist, kann die Einwilligung in die Behandlung entweder durch

- einen Erwachsenenvertreter, dessen Wirkungsbereich diese Angelegenheit umfasst,
- oder eine Vorsorgebevollmächtigte

erfolgen. Wenn der nicht einsichts- und urteilsfähige Patient der Behandlung widerspricht, muss zusätzlich das Gericht über die Behandlung entscheiden. Nähere Informationen dazu finden sich in Kapitel 4 – Medizinische Behandlungen.

HINWEIS

Details zur Form der Vorsorgevollmacht finden sich im Kapitel „Vorsorgevollmacht" im Abschnitt „Formen".

Alle Vertreterinnen und Vertreter des Patienten müssen dabei grundsätzlich eine einfache (nicht verbindliche) Patientenverfügung bei ihrer Entscheidung berücksichtigen, da sie das Wohl der entscheidungsunfähigen Person zu wahren haben. Dazu gehört es auch, den **Willen dieser Person zu berücksichtigen**. Die Vertreter des Patienten müssen sich überlegen, wie der Betroffene in der Situation selbst entschieden hätte, wenn er seinen Willen noch äußern könnte. Dabei sind neben der beachtlichen Patientenverfügung unter anderem seine

- persönlichen Wertvorstellungen,
- religiösen Überzeugungen,
- weltanschaulichen Überzeugungen und
- früheren schriftlichen oder mündlichen Äußerungen

zu berücksichtigen. Meist wird die **Patientenverfügung der wichtigste Anhaltspunkt** sein. Eine einfache Patientenverfügung ist bei der Ermittlung des Patientenwillens umso mehr zu beachten, je eher sie die Voraussetzungen einer verbindlichen Patientenverfügung erfüllt.

Liegt eine nicht verbindliche Patientenverfügung vor, ist insbesondere zu berücksichtigen:

- inwieweit der Patient die Krankheitssituation, auf die sich die Patientenverfügung bezieht, sowie deren Folgen im Errichtungszeitpunkt **einschätzen** konnte,
- wie **konkret** die medizinischen Behandlungen, die Gegenstand der Ablehnung sind, beschrieben sind,

- wie umfassend eine der Errichtung vorangegangene **ärztliche Aufklärung** war,
- inwieweit die Verfügung von den **Formvorschriften** für eine verbindliche Patientenverfügung abweicht,
- wie häufig die Patientenverfügung **erneuert** wurde und wie lange die letzte Erneuerung **zurückliegt**.

Die Vertreterinnen und Vertreter des Patienten haben all diese Umstände zu bewerten, sie gegeneinander abzuwägen und dann eine Entscheidung zu treffen.

HINWEIS

Nimmt eine Ärztin oder ein Arzt ohne Gefahr im Verzug und ohne Einwilligung des Patienten oder eines Vertreterin des Patienten eine Heilbehandlung vor, so ist das grundsätzlich eine strafbare Handlung! Ärztin oder Arzt sind allerdings nur auf Verlangen des eigenmächtig Behandelten zu verfolgen.

Ausnahme bei **Gefahr im Verzug**: Wenn die Gefahr besteht, dass sich der Zustand einer Patientin rasch verschlechtert oder das Leben der Patientin auf dem Spiel steht, muss der Arzt nicht prüfen, ob eine Patientenverfügung vorliegt. Wenn keine verbindliche Patientenverfügung vorliegt, hat der Arzt gemäß einer Entscheidung des Obersten Gerichtshofes ein Einspruchsrecht, wenn der Vertreter der Patientin den Behandlungsabbruch wählt und der Abbruch der Behandlung zum Tod der Patientin führen würde.

Hat der Arzt eine Behandlung begonnen, ohne zu wissen, dass es eine verbindliche Patientenverfügung gibt, hat er die Behandlung abzubrechen, sobald ihm die verbindliche Patientenverfügung bekannt wird, mit welcher diese Behandlung ausdrücklich abgelehnt wird. Eine bereits abgeschlossene Behandlung muss jedoch nicht rückgängig gemacht werden.

Verbindliche oder andere Patientenverfügung

Das Gesetz unterscheidet zwischen einer verbindlichen Patientenverfügung, an die sich das medizinische Person halten muss, und einer anderen Patientenverfügung, an die sich der Arzt oder die Ärztin nicht unbedingt halten muss. Die „andere“ Patientenverfügung wird in diesem Buch auch als „einfache“ Patientenverfügung bezeichnet.

Vor der Errichtung einer Patientenverfügung steht daher zuerst die Frage, ob man eine einfache oder eine verbindliche Patientenverfügung errichten will. Es kann in bestimmten Situationen durchaus sinnvoll sein, sich bewusst für die Errichtung einer nicht verbindlichen, einfachen, Patientenverfügung zu entscheiden.

Für die Errichtung einer **verbindlichen** Patientenverfügung müssen strenge Formvorschriften eingehalten werden und alle Formulierungen müssen eindeutig und gut überlegt sein. Es muss ein Beratungsgespräch bei einem Arzt bzw einer Ärztin stattfinden und die Patientenverfügung muss vor einem Notar, einer Rechtsanwältin, einer rechtskundigen Mitarbeiterin einer Patientenvertretung oder eines Erwachsenenschutzvereins errichtet werden. Das ist mit einem gewissen zeitlichen und finanziellen Aufwand verbunden. Eine verbindliche Patientenverfügung ist bis zu ihrem Ablauf oder Widerruf gültig und das medizinische Personal hat sich daran zu halten.

Wenn man persönlichen Vertreterinnen und Vertretern (zB Erwachsenenvertretern oder Vorsorgebevollmächtigten) nur eine Orientierung geben möchte, empfiehlt es sich, eine **einfache (nicht verbindliche)** Patientenverfügung zu errichten. Dabei sollte man gleich zu Beginn klarstellen, dass es sich bei der vorliegenden Verfügung um keine verbindliche Patientenverfügung handelt. Eine Formulierung kann lauten:

FORMULIERUNGSBEISPIEL

Hiermit errichte ich eine nicht verbindliche Patientenverfügung.

Die Vertreterinnen und Vertreter haben dann das letzte Wort. Sie können im Ernstfall abhängig von der konkreten Situation und dem vermutlichen Willen des Patienten entscheiden, ob eine bestimmte Behandlung durchgeführt werden soll.

Grundsätzlich entscheidet der Vertreter einer Patientin alleine darüber, ob eine Behandlung durchgeführt werden soll, wenn keine verbindliche Patientenverfügung vorliegt und die Patientin selbst nicht einsichts- und urteilsfähig ist. Nach einer Entscheidung des obersten Gerichtshofes soll dem Arzt aber eine Art „Einspruchsrecht" zukommen, wenn der Vertreter den Abbruch einer lebenserhaltenden Behandlung wählt.

CHECKLISTE VERBINDLICHE PATIENTENVERFÜGUNG

Als eine Entscheidungshilfe können folgende Fragen dienen. Je mehr davon mit „Ja" beantwortet werden, desto eher sollte eine verbindliche Patientenverfügung errichtet werden:

- ➜ Weiß ich genau, welche medizinischen Behandlungen ich ablehnen möchte, und kann diese konkret benennen?
- ➜ Kenne ich die Krankheit, an der ich leide, und ihren voraussichtlichen Verlauf?
- ➜ Kenne ich die medizinischen Behandlungsmethoden und deren Folgen, die in der konkreten Situation in Frage kommen?
- ➜ Kenne ich die Folgen der Unterlassung der medizinischen Behandlungen?
- ➜ Kenne ich einen nahen Angehörigen, der an einer Krankheit leidet, die die abzulehnende medizinische Behandlung notwendig macht, oder leide ich selbst an einer solchen Krankheit?
- ➜ Will ich, dass der Arzt bzw die Ärztin keinen Entscheidungsspielraum mehr hat?
- ➜ Bin ich bereit, Zeit und Geld für die Errichtung einer Patientenverfügung aufzuwenden?
- ➜ Kenne ich einen Arzt und eine(n) Notarin/Anwalt/Patientenvertretung, an die ich mich zur Errichtung einer Patientenverfügung wenden kann?
- ➜ Lehne ich die Behandlung aus religiösen Gründen ab?
- ➜ Habe ich mit meinen Angehörigen ausführlich über meine Entscheidung gesprochen?

Zu bedenken ist auch, dass man sich durch eine verbindliche Patientenverfügung nicht medizinischen Behandlungen entziehen kann, die durch andere Gesetze zwingend vorgeschrieben sind (zB einer Behandlung nach dem Tuberkulosegesetz).

Im Folgenden werden der mögliche Inhalt und die Voraussetzungen einer verbindlichen Patientenverfügung besprochen. Werden nicht alle Voraussetzungen für eine verbindliche Patientenverfügung erfüllt, liegt lediglich einfache andere Patientenverfügung vor, welche jedoch nach dem Gesetz der Ermittlung des Patientenwillens auch zu Grunde zu legen ist.

Die verbindliche Patientenverfügung

Damit eine verbindliche Patientenverfügung vorliegt, müssen folgende Punkte erfüllt sein:

- Einsichts- und Urteilsfähigkeit im Zeitpunkt der Errichtung
- Höchstpersönlichkeit
- Dokumentation der ärztlichen Aufklärung
- konkrete Beschreibung der ärztlichen Maßnahmen, die abgelehnt werden
- Errichtung vor einem Notar, einer Rechtsanwältin, einer rechtskundigen Mitarbeiterin einer Patientenvertretung oder eines Erwachsenenschutzvereins, welche die juristische Belehrung ebenfalls zu dokumentieren hat,
- Unterschrift und Datierung

Eine Patientenverfügung kann man nur höchstpersönlich errichten, niemals durch einen Bevollmächtigten. Im Zeitpunkt der Errichtung muss bei dem Patienten die erforderliche Einsichts- und Urteilsfähigkeit vorliegen. Der Gesetzgeber hat sich weiters dazu entschieden, eine genaue ärztliche Aufklärung vorzuschreiben, weil viele Menschen über aktuelle Behandlungsmethoden oder den Verlauf ihrer Krankheit nicht ausreichend informiert sind.

Die genaue Datierung der Patientenverfügung ist unerlässlich. Da eine Patientenverfügung nur für maximal acht Jahre nach ihrer Errichtung verbindlich bleibt, ist es wesentlich zu wissen, wann diese Frist zu laufen begonnen hat. Soll eine Patientenverfügung länger verbindlich sein, muss sie regelmäßig erneuert werden. Eine kürzere Wirkungsdauer der Verbindlichkeit ist möglich und muss von der betroffenen Person im Rahmen der Patientenverfügung ausdrücklich bestimmt werden.

Die Patientenverfügung verliert auch nach Ablauf der Frist nicht ihre Verbindlichkeit, wenn sie die betroffene Person mangels Einsicht- Urteils- oder Äußerungsfähigkeit nicht erneuern kann.

Das Aufklärungsgespräch beim Arzt bzw der Ärztin

Das Aufklärungsgespräch mit dem Arzt bzw der Ärztin soll der betroffenen Person dazu dienen, sich intensiv mit ihrer Entscheidung auseinanderzusetzen. Patientinnen und Patienten sollten diese Gelegenheit nutzen und dem Arzt all ihre Fragen stellen.

Der Arzt hat dabei folgende **Pflichten**:

Aufklärung über das Wesen und die Folgen einer Patientenverfügung

Dabei soll der Arzt bzw die Ärztin der betroffenen Person vor Augen führen, was eine Patientenverfügung ist und welche Folgen diese für die medizinische Behandlung hat. Der Arzt muss aber keine rechtliche Beratung bieten. Diese bleibt Juristinnen und Juristen vorbehalten.

Aufklärung der betroffenen Person über mögliche medizinische Behandlungen

Damit eine betroffene Person eine Behandlung ablehnen kann, muss sie zunächst wissen, welche Behandlungen es gibt. Meist leidet sie schon an einer bestimmten Krankheit, wenn sie über die Errichtung einer Patientenverfügung nachdenkt. Der Arzt muss den Patienten sodann über alle möglichen Behandlungsmethoden sowie deren Risiken aufklären und auf eventuelle Alternativen hinweisen.

Aufklärung der betroffenen Person über die Folgen der Unterlassung dieser Behandlungen

Da mit einer Patientenverfügung Behandlungen abgelehnt werden, muss die betroffene Person auch über die Folgen einer solchen Ablehnung aufgeklärt werden. Dabei wird darauf einzugehen sein, welche Beschwerden den Patienten bei Unterlassung der Behandlung erwarten und wie das medizinische Personal üblicherweise vorgeht, wenn diese Behandlung untersagt wurde.

Für Laien verständliche Erklärungen

Da die Ärztin in aller Regel medizinische Laien vor sich hat, hat sie ihre Erklärungen so zu formulieren, dass auch Nicht-Mediziner diese verstehen können. Die Ärztin sollte dabei berücksichtigen, dass die Entscheidung des Patienten vielleicht erst Jahre später wirksam wird. Sie sollte daher auch auf Probleme eingehen, die dem Laien in einem frühen Krankheitsstadium typischerweise noch nicht bewusst sind.

Prüfung, ob die betroffene Person die Folgen der Patientenverfügung zutreffend einschätzt

Die Ärztin hat außerdem zu prüfen, ob die betroffene Person die Folgen der Patientenverfügung richtig einschätzt. Das Ergebnis dieser Prüfung hat die Ärztin zu dokumentieren. Dabei muss sie auch angeben, aus welchen Gründen sie davon ausgeht, dass die betroffene Person die Folgen der Patientenverfügung richtig einschätzt.

Als ein Beispiel erwähnt das Gesetz den Fall, dass entweder die betroffene Person selbst oder ein naher Angehöriger, wie etwa Eltern, Großeltern, Geschwister oder Ehepartner, an einer Krankheit leidet oder schon einmal gelitten hat, auf die sich die abzulehnende Behandlung bezieht. Dabei kommt es nicht darauf an, ob die konkrete Behandlung, die jetzt abgelehnt werden soll, schon einmal an der betroffenen Person oder nahen Angehörigen durchgeführt wurde.

BEISPIEL

Doris Pitzer litt vor einigen Jahren an einer Mandelentzündung. Damals wurde diese mit Medikamenten behandelt und so geheilt. Weil Frau Pitzer nicht will, dass aus ihrem Körper Organe oder Organteile entfernt werden, errichtet sie eine Patientenverfügung, in der sie die Entfernung ihrer Mandeln als Folge einer Mandelentzündung ablehnt.

Folge: Da Frau Pitzer schon einmal an einer Mandelentzündung litt, darf der Arzt grundsätzlich davon ausgehen, dass sie die Folgen der Patientenverfügung zutreffend einschätzt.

Dass die betroffene Person die Folgen der Patientenverfügung richtig einschätzt, kann sich auch aus anderen Umständen ergeben. Wenn die betroffene Person beispielsweise mit bestimmten Krankheitsbildern über längere Zeit beruflich zu tun hatte und für sich selbst eine solche Behandlung nicht will oder wenn sie eine Behandlung aus religiösen Gründen ablehnt, kann sich daraus die richtige Einschätzung der Folgen der Patientenverfügung durchaus schon ergeben.

Dokumentation der ärztlichen Aufklärung

Der Arzt bzw die Ärztin muss Folgendes dokumentieren:

Die Aufklärung der betroffenen Person

Hier bietet es sich an, ein kurzes **Gesprächsprotokoll** zu erstellen. Darin sollte einerseits festgehalten werden, aus welchen Gründen die betroffene Person die Verfügung errichtet, andererseits alle im vorigen Abschnitt genannten Inhalte des Aufklärungsgesprächs.

Die Einsichts- und Urteilsfähigkeit der betroffenen Person

Der Arzt muss prüfen, ob die betroffene Person ihre Entscheidung ohne Zwang, frei von Irrtümern und bei voller Einsichts- und Urteilsfähigkeit trifft. Dabei hat er auch zu berücksichtigen, ob die betroffene Person Medikamente nimmt, die ihre Einsichts- und Urteilsfähigkeit beeinträchtigen könnten, oder ob es Anzeichen für psychische Störungen, wie zum Beispiel Depressionen, gibt.

HINWEIS

Wenn man an Depressionen oder lange anhaltender gedrückter Stimmung leidet, empfiehlt es sich, die Errichtung einer Patientenverfügung auf später zu verschieben oder eine bloß unverbindliche Patientenverfügung zu errichten.

Laut Gesetzgeber ist es nicht notwendig, das Vorliegen der Einsichts- und Urteilsfähigkeit zu dokumentieren. Wenn sich die Ärztin dazu im Rahmen ihrer Dokumentation nicht äußert, ist zu vermuten, dass die Einsichts- und

Urteilsfähigkeit vorliegt. Um Missverständnisse zu vermeiden, sollte die Ärztin trotzdem ein oder zwei Sätze zur Einsichts- und Urteilsfähigkeit in die Dokumentation aufnehmen.

Wie das medizinische Personal zu dem Schluss kommt, dass die betroffene Person die Folgen der Patientenverfügung zutreffend einschätzt

Hier hat der zu Arzt dokumentieren, aus welchen Gründen er annimmt, dass die betroffene Person die Folgen der Patientenverfügung verstanden hat. Der Arzt hat auf der Urkunde, die die Dokumentation enthält, seinen Namen und seine Anschrift anzugeben und die Urkunde zu unterschreiben.

Die Dokumentation kann auch in der Patientenverfügung selbst enthalten sein. Das wird dann der Fall sein, wenn ein Arzt und eine Juristin zusammenarbeiten.

Die Dokumentation kann aber auch als Beilage der Patientenverfügung angeschlossen werden. Das kann der Fall sein, wenn die betroffene Person sich zunächst von einer Ärztin beraten lässt und danach mit der schriftlichen Dokumentation des Gesprächs einen Rechtsanwalt, eine Notarin oder rechtskundige Mitarbeiterin einer Patientenvertretung oder eines Erwachsenenschutzvereins aufsucht.

Errichten einer Patientenverfügung vor einem Juristen bzw einer Juristin

Nach der ärztlichen Aufklärung hat die betroffene Person die Patientenverfügung vor einem Juristen oder einer Juristin zu bekräftigen. Das hat gute Gründe: Sobald die betroffene Person nicht mehr einsichts-, urteils- oder äußerungsfähig ist, besteht für den Arzt keine Möglichkeit mehr, die betroffene Person zu fragen, wie sie einen bestimmten Satz gemeint hat. Die betroffene Person hat dann auch keine Möglichkeit mehr, ihren Willen zu präzisieren und Missverständnisse aufzuklären. Das hat sich in der Praxis als überaus problematisch erwiesen.

Der Gesetzgeber stellt daher für die verbindliche Patientenverfügung strenge Formvorschriften auf und verlangt, dass sie vor einem Juristen bzw einer Juristin (Rechtsanwalt, Notarin oder rechtskundige Mitarbeiterin der Patientenvertretungen) errichtet wird.

Pflichten der Rechtsanwältin, des Notars oder rechtskundigen Mitarbeiters der Patientenvertretungen:

Auf die Formulierung achten

Juristinnen und Juristen sind besonders in der exakten Formulierung von Texten geschult. Sie sollen darauf achten, Doppeldeutigkeiten zu vermeiden und den Willen der betroffenen Person klar und verständlich festzuhalten, so dass keine Nachfragen notwendig sind.

Prüfung der Einsichts- und Urteilsfähigkeit

Auch wenn der Arzt schon die Einsichts- und Urteilsfähigkeit geprüft hat, muss die Juristin sich davon überzeugen, dass diese bei Errichtung vor ihr immer noch vorhanden ist.

Information über die rechtlichen Auswirkungen der Patientenverfügung

Der Rechtsanwalt, die Notarin oder rechtskundige Mitarbeiterin einer Patientenvertretung hat der betroffenen Person insbesondere zu erklären, dass eine verbindliche Patientenverfügung vom medizinischen Personal befolgt werden muss und zwar auch dann, wenn die betroffene Person dadurch sterben könnte. Auch Angehörige können nicht verhindern, dass das medizinische Personal die Patientenverfügung befolgt. Ein Arzt darf auch kein Verfahren zur Bestellung eines Vertreters einleiten, um die Patientenverfügung zu umgehen.

Die betroffene Person muss darauf hingewiesen werden, dass die Patientenverfügung jederzeit widerrufen werden kann, dies auch nach Eintritt der Geschäftsunfähigkeit. Außerdem ist die betroffene Person darauf hinzuweisen, dass die Patientenverfügung acht Jahre verbindlich bleibt und danach in der abgeschwächten Form einer anderen, einfachen Patientenverfügung weiterhin aufrecht ist. Über die Alternative einer einfachen Patientenverfügung wird die betroffene Person auch im Rahmen der Errichtung einer verbindlichen Patientenverfügung aufzuklären sein.

Die Juristinnen und Juristen sind außerdem dazu verpflichtet, die Identität der betroffenen Person anhand eines Ausweises zu überprüfen. Sie haben zum Nachweis der erfolgten Belehrungen die Patientenverfügung unter Angabe ihres Namens und ihrer Anschrift zu unterschreiben.

Ein Notar kann die Patientenverfügung auch als Notariatsakt errichten. Im Rahmen dessen sind auch die strengen Belehrungs- und Formvorschriften der Notariatsordnung einzuhalten.

Nach Maßgabe der technischen Möglichkeiten ist eine Patientenverfügung auch in der elektronischen Gesundheitsakte (ELGA) der betroffenen Person zur Verfügung zu stellen, sofern die betroffene Person dem nicht widerspricht.

Inhalt einer Patientenverfügung

In einer Patientenverfügung kann die betroffene Person nur bestimmen, dass bestimmte medizinische **Behandlungen unterlassen** werden sollen. Es ist nicht möglich, dass sie in der Patientenverfügung eine bestimmte Behandlung wünscht oder gar anordnet.

Die betroffene Person kann ihre Wünsche aber präzisieren. Sie kann beispielsweise ablehnen, dass sie an eine Herz-Lungen-Maschine angeschlossen wird, aber gleichzeitig festhalten, dass künstliche Beatmung auf eine andere Weise durchgeführt werden darf. Je genauer die Angaben in einer einfachen, unverbindlichen Patientenverfügung sind, desto eher kann und hat sich das medizinische Person daran zu halten.

Wichtig: Alles, was mit der **Pflege** der betroffenen Person in Zusammenhang steht, kann nicht mit einer Patientenverfügung ausgeschlossen werden. Man kann daher nicht bestimmen, dass man nicht mehr mit Nahrung oder Flüssigkeit versorgt werden soll, soweit das Teil der Pflege ist.

BEISPIEL

Ein Patient, der einen Schlaganfall erlitten hat und nicht mehr in der Lage ist, seinen Willen zu äußern, hat eine Patientenverfügung errichtet, in der geschrieben steht, dass er keine künstliche Ernährung möchte.

Wenn dieser Patient nicht mehr in der Lage ist, selbstständig zu essen und zu trinken, stellt sich hier die Frage, ob das Füttern des Patienten durch das Pflegepersonal unter „künstliche Ernährung“ fällt.

Das ist nicht der Fall, da Pflegemaßnahmen kein Gegenstand einer Patientenverfügung sein können. Solange der Patient also noch kauen und schlucken kann, muss er auch weiter mit Nahrung und Getränken versorgt werden. Es ist nicht möglich, in der Patientenverfügung zu bestimmen, dass das medizinische Personal oder das Pflegepersonal ihn nicht mehr füttern sollen.

Das Setzen einer **Ernährungssonde** ist hingegen ein medizinischer Eingriff, den man mit einer Patientenverfügung wirksam ablehnen kann.

Beschreibung der Maßnahmen

In der Patientenverfügung muss klar dargelegt werden, für welche Situationen sie gelten soll. Dabei ist es nicht notwendig, dass die betroffene Person alle erdenklichen Fälle in der Verfügung aufzählt.

FORMULIERUNGSBEISPIEL

- Im Fall dauernder, unumkehrbarer Bewusstlosigkeit ...
- Falls mein Tod nach dem aktuellen Stand der Medizin nicht mehr abgewendet, sondern nur noch hinausgezögert werden kann ...
- Falls lebenswichtige Organe meines Körpers versagen und keine Heilung möglich ist ...
- Wenn ich an einer neurologischen Krankheit im Endstadium leide ...

Natürlich kann auch nur eine konkrete Krankheit oder Situation genannt werden, für die die Patientenverfügung gilt. Je genauer die betroffene Person beschreibt, für welche Situationen die Patientenverfügung gelten soll, desto besser kann sich das medizinische Personal danach richten.

Die betroffene Person kann zum Beispiel folgende Behandlungen ablehnen:

- die Gabe von Blut oder Blutbestandteilen
- die Ernährung durch eine PEG-Sonde

- den Anschluss an eine Herz-Lungen-Maschine
- Wiederbelebungsmaßnahmen
- die Entnahme von Organen oder Organbestandteilen

Wenn man nur ganz bestimmte Maßnahmen ablehnt, kann das medizinische Personal trotzdem andere Behandlungen vornehmen, die zum gleichen Ergebnis führen. Beispielsweise ist eine künstliche Ernährung sowohl über PEG-Sonden als auch über Infusionen möglich. Wenn nur eine dieser beiden Varianten abgelehnt wird, kann der Arzt die jeweils andere Behandlung durchführen. Wenn man hingegen „künstliche Ernährung" generell ablehnt, sind beide Maßnahmen erfasst.

Durch konkrete oder allgemeine Formulierungen kann die betroffene Person die Reichweite der Patientenverfügung somit sehr genau steuern. Natürlich sollten die Formulierungen nicht zu allgemein werden. Folgende Begriffe sind laut Gesetzgeber **nicht ausreichend** genau:

- das Verbot des „menschenunwürdigen Daseins"
- der Wunsch nach Vermeidung einer „risikoreichen Operation"
- die Ablehnung einer „künstlichen Lebensverlängerung"
- das Verlangen nach einem „natürlichen Sterben"

Grundsätzlich reicht es aber aus, wenn aus dem Gesamtzusammenhang der Verfügung hervorgeht, welche Behandlungen die betroffene Person ablehnt.

Erneuerung, Änderung und Widerruf der Patientenverfügung

Eine verbindliche Patientenverfügung ist maximal **acht Jahre verbindlich**. Dies hat seinen Grund in der ständigen Weiterentwicklung der medizinischen Wissenschaft und darin, dass sich auch die Meinung der betroffenen Person über abgelehnte Behandlungen ändern kann. Diese Regelung stellt sicher, dass sich die betroffene Person nach einiger Zeit wieder mit der Patientenverfügung auseinandersetzen muss, wenn sie möchte, dass diese weiterhin verbindlich bleibt.

Nach dem Ablauf von acht Jahren muss die Patientenverfügung daher **erneuert** werden, wenn sie verbindlich bleiben soll. Für die Erneuerung ist es notwendig, dass die betroffene Person sich neuerlich ärztlich beraten lässt.

Eine nochmalige juristische Beratung ist nach dem Gesetz nicht mehr unbedingt erforderlich, es sei denn, die Erneuerung passiert wieder unter Einbindung von Rechtsanwalt, Notarin oder rechtskundigen Mitarbeiterinnen der Patientenvertretungen oder eines Erwachsenenschutzvereins. Die Erneuerung kann also auch nur bei einem Arzt oder einer Ärztin vorgenommen werden und dieser kann ebenfalls die Erneuerung im ELGA registrieren.

Wenn die Patientenverfügung nicht erneuert wird, wird sie von einer verbindlichen zu einer **einfachen, anderen Patientenverfügung**.

Wenn die Patientenverfügung unverändert bleiben soll, reicht es wohl aus, dass die betroffene Person auf die bereits bestehende Patientenverfügung Bezug nimmt. Die Patientenverfügung muss dann nicht komplett neu geschrieben werden.

Die Patientenverfügung kann aber auch **jederzeit inhaltlich geändert** werden. Dies ist nach dem Gesetzeswortlaut einer Erneuerung gleichzuhalten. Bei einer Änderung muss wiederum ärztliche Beratung und Aufklärung eingeholt und dokumentiert sein und kann allenfalls auch die Zuziehung von Rechtsanwalt, Notarin oder rechtskundigem Mitarbeiter einer Patientenvertretung oder eines Erwachsenenschutzvereins erfolgen. Bei Änderungen ist darauf zu achten, dass **die neuen Inhalte den alten nicht widersprechen**. Es sollte nach wie vor eindeutig sein, was die betroffene Person möchte. Durch die Änderung beginnt die Achtjahresfrist erneut zu laufen. Die Patientenverfügung kann auch vor Ablauf der acht Jahre erneuert werden.

Die betroffene Person kann auch bestimmen, dass die Patientenverfügung nur für eine kürzere Zeit verbindlich sein soll. Es ist hingegen nicht möglich zu bestimmen, dass die Patientenverfügung länger als acht Jahre verbindlich bleiben soll.

HINWEIS

Wenn die Patientenverfügung beispielsweise noch ein Jahr verbindlich ist, es aber absehbar ist, dass in den nächsten drei Jahren die abzulehnende Behandlung notwendig wird, sollte die Patientenverfügung sofort erneuert werden! Ansonsten besteht die Gefahr, dass die abgelehnte Behandlung kurz nach dem Ablauf der Verbindlichkeit der Patientenverfügung durchgeführt wird.

Ein **Widerruf** kann nur durch die betroffene Person selbst erfolgen. Er ist jederzeit formfrei möglich. Er kann schriftlich oder mündlich erfolgen. Ein Widerruf ist auch dann möglich, wenn die betroffene Person die Geschäftsfähigkeit bereits verloren hat. Es reicht sogar aus, wenn sie Handlungen setzt, die eindeutig als Widerruf zu verstehen sind.

BEISPIEL

Der Patient zerreißt die Patientenverfügung.

Solange die betroffene Person einsichts- und urteilsfähig ist, kann diese selbstverständlich in jede in einer Patientenverfügung abgelehnte Behandlung wirksam einwilligen. Ob aufgrund einer einmaligen Einwilligung die Patientenverfügung als widerrufen gilt, muss im Einzelfall geklärt werden.

Unwirksamer Inhalt

Alle Maßnahmen der Pflege können nicht Gegenstand einer Patientenverfügung sein. Eine Bestimmung, die Maßnahmen der Pflege regelt, ist daher unwirksam.

Eine Patientenverfügung ist außerdem in vollem Umfang unwirksam, wenn bei ihrer Errichtung Willensmängel vorliegen. Willensmängel sind:

- mangelnde Ernsthaftigkeit
- Irrtum
- List
- Täuschung
- physischer oder psychischer Zwang

Es ist zwar unwahrscheinlich, aber nicht undenkbar, dass jemand eine Patientenverfügung errichtet, ohne dass er ernsthaft eine Behandlung ablehnen möchte.

BEISPIEL

Annika Dangl wollte immer schon einmal wissen, wie die Errichtung einer Patientenverfügung abläuft. Ohne tatsächlich eine Behandlung ablehnen zu wollen, geht sie zum Arzt und danach zu einer Juristin und errichtet eine Patientenverfügung. Bevor Frau Dangl die Patientenverfügung zerreißen kann, hat sie einen Unfall und die Ärzte müssten eine Behandlung vornehmen, die Frau Dangl in der Patientenverfügung abgelehnt hat.

Folge: Diese Patientenverfügung ist rechtlich nicht einmal beachtlich, da sie nicht ernsthaft errichtet wurde. In der Praxis kann eine solcher Art errichtete Patientenverfügung jedoch dann zu unerwünschten Ergebnissen führen, wenn niemand über die mangelnde Ernsthaftigkeit Bescheid wusste.

Aus diesem Grund ist es notwendig, dass die Juristin und der Arzt die Ernsthaftigkeit des Willens der betroffenen Person prüfen.

Zwang liegt beispielsweise vor, wenn auf die betroffene Person (zB durch nahe Angehörige) ein unangemessener finanzieller oder gesellschaftlicher Druck ausgeübt wird, eine bestimmte Behandlung in Zukunft abzulehnen.

BEISPIEL

Die Töchter von Isabella Tischler drängen diese dazu, eine Patientenverfügung zu errichten, in der sie lebensverlängernde Maßnahmen ablehnt, weil die Töchter nicht wollen, dass „ihr" Erbe durch Behandlungskosten aufgebraucht wird.

Folge: Eine aufgrund dieses Drucks errichtete Patientenverfügung ist unwirksam.

Ergeben sich aus der Patientenverfügung selbst oder aus anderen Umständen Anhaltspunkte dafür, dass die Verfügung aufgrund eines Willensmangels errichtet wurde, ist sie unwirksam. Ärztin und Jurist sollten in den Beratungsgesprächen daher auch abklären, ob einer dieser Willensmängel vorliegt.

Eine Patientenverfügung ist außerdem unwirksam, wenn ihr Inhalt strafrechtlich nicht zulässig ist. In Österreich ist aktive Sterbehilfe verboten. Daran hat sich auch durch die Einführung der Möglichkeit, eine Sterbeverfügung zu errichten, nichts geändert. Aus diesem Grunde sind alle Verfügungen, die darauf abzielen, das ärztliche Personal zu einer aktiven Sterbehilfe zu bewegen, unwirksam. Es handelt sich jedoch nicht um aktive Sterbehilfe, wenn der Arzt aufgrund einer Patientenverfügung eine Behandlung unterlässt und der Patient dadurch stirbt.

Eine Patientenverfügung wird schließlich dann unwirksam, wenn sich seit ihrer Errichtung der **Stand der medizinischen Wissenschaft** im Hinblick auf den Inhalt der Patientenverfügung wesentlich geändert hat. Der Gesetzgeber vermutet, dass durch eine wesentliche Veränderung der medizinischen Wissenschaft der Patientenverfügung die Grundlage entzogen wird.

In die Patientenverfügung können auch **zusätzliche Informationen** aufgenommen werden, ohne dass die Verfügung dadurch unwirksam wird. Das Gesetz nennt als Beispiele folgende Inhalte, die keine Auswirkung auf die Gültigkeit der Verfügung haben:

➜ die Benennung einer konkreten Vertrauensperson
➜ die Ablehnung des Kontakts zu einer bestimmten Person
➜ die Verpflichtung zur Information einer bestimmten Person

Diese Inhalte sind nicht verbindlich und sie wirken sich nicht nachteilig auf die Patientenverfügung aus.

Registrierung der Patientenverfügung

Sowohl die österreichischen Notarinnen und Notare als auch die österreichischen Rechtsanwältinnen und Rechtsanwälte haben jeweils **Patientenverfügungsregister** errichtet.

Alle österreichischen Krankenanstalten können auf diese Register zugreifen und dadurch einfach feststellen, ob eine Patientin oder ein Patient eine Patientenverfügung verfasst hat. Es ist ratsam, seine Verfügung zumindest in einem dieser Register registrieren zu lassen, damit sie im Ernstfall auch berücksichtigt werden kann. Eine Patientenverfügung ist auch wirksam und verbindlich, wenn sie nicht in einem dieser Register eingetragen ist. Es besteht dann aber die Gefahr, dass der Arzt sie nicht rechtzeitig findet.

Darüber hinaus soll eine Patientenverfügung, sofern technisch möglich, auch in der elektronischen Gesundheitsakte aufgefunden werden können. Das bedeutet, sie ist auch in ELGA zu registrieren, wenn die registrierende Stelle die Möglichkeit dazu hat. Der Registrierung kann ein Patient jedoch auch widersprechen. Umgekehrt hat ein Patient aber auch das Recht, seine Patientenverfügung in seiner elektronischen Gesundheitsakte registrieren zu lassen, wenn er dies möchte und es technisch möglich ist.

Kapitel 10:

Sterbeverfügung

Eine Person, die an einer unheilbaren, zum Tod führenden Krankheit oder an einer schweren, dauerhaften Krankheit mit anhaltenden Symptomen leidet, kann eine Sterbeverfügung errichten. Nach Errichtung einer Sterbeverfügung erhält die sterbewillige Person in einer Apotheke ein Präparat, mit dem sie ihr Leben selbst beenden kann.

Mit Erkenntnis vom 11.12.2020 hat der Verfassungsgerichtshof ein Gesetz aufgehoben, das die Hilfeleistung beim Suizid unter Strafe gestellt hatte. Der Verfassungsgerichtshof hat dem Gesetzgeber bis 1.1.2022 Zeit gegeben, um die Hilfeleistung beim Suizid durch ein Gesetz zu regeln und einige Vorgaben über den Inhalt einer solchen Regelung gemacht. Daraufhin wurde am 31.12.2021 das Sterbeverfügungsgesetz erlassen. Es ist mit 1.1.2022 in Kraft getreten.

Das Sterbeverfügungsgesetz soll einen gesicherten Rahmen für die Leistung und Inanspruchnahme von Assistenz beim Suizid bieten, in dem die im Erkenntnis des Verfassungsgerichtshofs vorgezeichneten Sicherungsmaßnahmen verankert werden. Es regelt das Zustandekommen und die Wirksamkeit von Sterbeverfügungen und die Abgabe eines Präparats durch Apotheken.

Vorab ist festzuhalten, dass die **„Tötung auf Verlangen" in Österreich nach wie vor strafbar und verboten** ist. Das Sterbeverfügungsgesetz regelt nur die Frage, unter welchen Voraussetzungen es künftig zulässig sein soll, jemandem bei seinem Suizid Hilfe zu leisten. Die letzte Handlung, die zum Tod führt, muss von der sterbewilligen Person **selbst ausgeführt** werden. Dies ist in der Regel die Einnahme eines Präparats, das zum Tod führt.

Gleichzeitig bedeutet das, dass Menschen, die nicht in der Lage sind, sich selbst zu töten, in ihrem Wunsch, ihr Leben zu beenden, nicht unterstützt werden können.

Weil es sich bei der Sterbeverfügung um ein besonders sensibles Thema handelt, hat der Gesetzgeber ausdrücklich geregelt, dass **niemand dazu verpflichtet** ist, eine Hilfeleistung (zB Abgabe des Präparats in einer Apotheke) zu erbringen, eine ärztliche Aufklärung durchzuführen oder an der Errichtung einer Sterbeverfügung mitzuwirken. Wenn also beispielsweise ein Arzt, eine Apothekerin oder ein Notar keine Hilfe im Zusammenhang mit der Sterbeverfügung leisten möchte, kann er oder sie auch nicht dazu gezwungen werden. Es ist auch ausdrücklich gesetzlich geregelt, dass niemand benachteiligt werden darf, weil er oder sie nicht Hilfe leisten, ärztlich aufklären oder an der Errichtung der Sterbeverfügung mitwirken möchte. Umgekehrt darf auch niemand deshalb benachteiligt werden, weil er oder sie Hilfe leistet, ärztlich aufklärt oder an der Errichtung der Sterbeverfügung mitwirkt.

Voraussetzungen

Eine Sterbeverfügung kann nur wirksam errichtet werden, wenn die sterbewillige Person ihren gewöhnlichen **Aufenthalt in Österreich** hat oder **österreichische Staatsangehörige** ist. Wer weder österreichischer Staatsbürger ist, noch seinen gewöhnlichen Aufenthalt in Österreich hat, kann keine Sterbeverfügung errichten. Es ist daher gesetzlich nicht erlaubt, dass ausländische Staatsangehörige nur für die Errichtung einer Sterbeverfügung nach Österreich kommen. Die Voraussetzungen, die Wirkungen und die Beendigung einer Sterbeverfügung richten sich immer nach österreichischem Recht.

Krankheit

Eine Sterbeverfügung kann nur eine Person errichten, die

1. an einer unheilbaren, **zum Tod führenden Krankheit** oder
2. an einer **schweren, dauerhaften Krankheit** mit anhaltenden Symptomen leidet, deren Folgen die betroffene Person in ihrer gesamten Lebensführung dauerhaft beeinträchtigen,

wobei die Krankheit einen für die betroffene Person nicht anders abwendbaren Leidenszustand mit sich bringt.

Die Unheilbarkeit einer Krankheit ist nach dem Stand der Wissenschaft zum Zeitpunkt der Durchführung der ärztlichen Aufklärung zu beurteilen, wobei nur für die sterbewillige Person **realistisch verfügbare Behandlungen in die Beurteilung einzubeziehen** sind. Die Krankheit muss mit an Sicherheit grenzender Wahrscheinlichkeit zum Tod der sterbewilligen Person führen und für den voraussichtlichen Todeseintritt die überwiegende Ursache sein.

Für die Qualifikation einer Krankheit als **dauerhaft** ist maßgeblich, dass von einem lang andauernden Leidenszustand auszugehen ist. Es muss jedoch im Zeitpunkt der ärztlichen Aufklärung nicht mit an Sicherheit grenzender Wahrscheinlichkeit feststehen, dass die betroffene Person für immer an dieser Krankheit leiden wird. Das Kriterium der **Schwere** dient insbesondere dazu, dauerhafte, aber für die betroffene Person leichte oder mittelschwere Krankheiten auszuschließen. Umgekehrt sollen schwere, aber voraussichtlich bald abheilende Krankheiten nicht zur Inanspruchnahme des Instituts der Sterbeverfügung berechtigen.

HINWEIS

Krankheiten, die diese Definition abhängig von ihrer Verlaufsform erfüllen können, sind etwa **Multiple Sklerose** oder **Morbus Parkinson**. **Asthma** ist beispielsweise zwar eine dauerhafte, aber laut Gesetzgeber keine ausreichend schwere Erkrankung und rechtfertigt daher nicht die Errichtung einer Sterbeverfügung.

Beide Fälle verlangen zusätzlich, dass die Krankheit einen für die betroffene Person nicht anders abwendbaren Leidenszustand mit sich bringt. Ob dies der Fall ist, richtet sich ausschließlich nach dem subjektiven Empfinden der betroffenen Person. Die aufklärende ärztliche Person kann sich daher darauf beschränken, nach Darlegung der Behandlungs- und Handlungsalternativen die Glaubwürdigkeit einer dahingehenden Erklärung der sterbewilligen Person zu beurteilen.

Volljährigkeit und Entscheidungsfähigkeit

Die sterbewillige Person muss sowohl im Zeitpunkt der Aufklärung als auch im Zeitpunkt der Errichtung der Sterbeverfügung **volljährig und entscheidungsfähig** sein.

HINWEIS

Die Entscheidungsfähigkeit wird im ersten Kapitel dieses Buches besprochen. Volljährig ist man nach dem 18. Geburtstag.

Minderjährige stehen unter dem besonderen Schutz der Gesetze, weshalb sie der Gesetzgeber vor vorschnellen, irreversiblen Entscheidungen schützen möchte. Sie können keine Sterbeverfügung errichten.

Sonstige Voraussetzungen

Der Entschluss der sterbewilligen Person, ihr Leben zu beenden, muss **frei und selbstbestimmt**, insbesondere frei von Irrtum, List, Täuschung, physischem oder psychischem Zwang und Beeinflussung durch Dritte gefasst werden.

Jede Entscheidung ist natürlich eingebettet in das soziale Umfeld der sterbewilligen Person, aber eine **Beeinflussung durch Dritte**, etwa eine Drucksituation, die von Angehörigen ausgeht, steht einem freien und selbstbestimmten Entschluss entgegen. Eine solche Drucksituation ist etwa anzunehmen, wenn der wesentliche Beweggrund für den Entschluss zur Selbsttötung erkennbar aus einer von dritten Personen abgeleiteten Motivlage (etwa emotionale, wirtschaftliche oder finanzielle Interessen) herrührt. Eine Sterbeverfügung, die unter einer solchen Drucksituation errichtet wurde, ist unwirksam.

BEISPIEL

Anna Albrecht möchte eine Sterbeverfügung errichten. Sie ist schon älter und leidet an einer schweren, dauerhaften Krankheit mit anhaltenden Symptomen, die ihre Lebensführung dauerhaft beeinträchtigen. Beim ersten Aufklärungsgespräch mit ihrer Ärztin erzählt Frau Albrecht, dass sie die Schmerzen zwar aushalten könnte, aber sie ihren bereits volljährigen Kindern nicht zur Last fallen und deshalb ihr Leben beenden wolle.

Folge: Die Ärztin muss die Errichtung der Sterbeverfügung ablehnen, weil der Entschluss von Frau Albrecht in diesem Fall nicht frei und selbstbestimmt ist und die Sterbeverfügung daher unwirksam wäre. Der Beweggrund für den Entschluss von Frau Albrecht leitet sich von dritten Personen – ihren Kindern – ab. Außerdem fehlt die Voraussetzung, dass die Krankheit einen nicht anders abwendbaren Leidenszustand mit sich bringt, weil Frau Albrecht angibt, dass sie die Schmerzen aushalten könnte.

Eine Sterbeverfügung kann nur **höchstpersönlich** errichtet werden. Das heißt, dass man sich bei der Errichtung einer Sterbeverfügung nicht vertreten lassen kann.

Aufklärung

Der Errichtung einer Sterbeverfügung hat eine Aufklärung durch **zwei ärztliche Personen** voranzugehen, von denen eine eine **palliativmedizinische**

Qualifikation aufzuweisen hat, und die unabhängig voneinander bestätigen, dass die sterbewillige Person entscheidungsfähig ist und einen freien und selbstbestimmten Entschluss geäußert hat.

Ist für die aufklärenden ärztlichen Personen erkennbar, dass die oben angeführten Anforderungen an den Entschluss der sterbewilligen Person nicht vorliegen (etwa bei Beeinflussung durch Dritte), so dürfen sie die Bestätigung nicht ausstellen.

HINWEIS

Wird eine Sterbeverfügung nicht **innerhalb eines Jahres nach der zweiten ärztlichen Aufklärung** errichtet, so muss die sterbewillige Person eine neuerliche Bestätigung einer ärztlichen Person einholen, worin diese bestätigt, dass die sterbewillige Person entscheidungsfähig ist und einen freien und selbstbestimmten Entschluss gefasst hat. Diese Bestätigung ist dann erneut ein Jahr gültig. Eine neuerliche ärztliche Aufklärung muss jedoch nicht durchgeführt werden.

Die Aufklärung hat zumindest folgende Inhalte zu umfassen:

1. die im konkreten Fall möglichen Behandlungs- oder Handlungsalternativen, insbesondere Hospizversorgung und palliativmedizinische Maßnahmen, sowie einen Hinweis auf die Möglichkeit der Errichtung einer Patientenverfügung oder auf andere Vorsorgeinstrumente, insbesondere Vorsorgevollmacht und Vorsorgedialog

HINWEIS

Der Vorsorgedialog ist ein strukturiertes und dokumentiertes Gespräch zwischen einem Patienten und dem betreuenden Team (Pfleger, Ärztinnen etc), über die Wünsche und Bedürfnisse des Patienten im Zusammenhang mit seiner weiteren Behandlung. Der Vorsorgedialog entspricht in etwa einer nicht verbindlichen Patientenverfügung. Siehe dazu das Kapitel „Patientenverfügung“

2. die Dosierung des Präparats und die für die Verträglichkeit des Präparats notwendige Begleitmedikation,
3. die Art der Einnahme des Präparats, Auswirkungen und mögliche Komplikationen bei der Einnahme des Präparats und dass mit einer Patientenverfügung lebensrettende Behandlungen abgelehnt werden können,
4. einen Hinweis auf konkrete Angebote für ein psychotherapeutisches Gespräch sowie für suizidpräventive Beratung und
5. einen Hinweis auf allfällige weitere im konkreten Fall zielführende Beratungsangebote.

Die ärztliche Person muss den gesamten Inhalt des Aufklärungsgesprächs auch dokumentieren.

Die von den beiden ärztlichen Personen vorzunehmende Dokumentation der Aufklärungsgespräche kann in zwei separaten oder in einer gemeinsamen Urkunde erfolgen. Wird eine gemeinsame Urkunde erstellt, so sind in dieser die Daten der jeweils durchgeführten Aufklärungsgespräche festzuhalten. Auch haben beide ärztliche Personen mit ihrer jeweiligen Unterschrift zu bestätigen, dass die sterbewillige Person **entscheidungsfähig** ist und den Entschluss zur Beendigung ihres Lebens **frei und selbstbestimmt** gefasst hat.

Eine ärztliche Person, die über die Behandlungsalternativen aufklärt, hat zu bestätigen, dass eine **Krankheit vorliegt**, die die Errichtung einer Sterbeverfügung erlaubt (siehe oben unter „Voraussetzungen"). Des Weiteren hat eine ärztliche Person die genaue **Dosierungsanordnung** zu treffen.

Die ärztliche Person muss außerdem mit ihrer Unterschrift bestätigen, dass eine glaubwürdige Erklärung der betroffenen Person über einen für sie nicht anders abwendbaren **Leidenszustand** vorliegt.

Das Dokument hat den Vor- und Familiennamen und das Geburtsdatum der sterbewilligen Person, den Vor- und Familiennamen und die Anschrift der ärztlichen Person und das Datum der Aufklärung zu enthalten und ist der sterbewilligen Person auszufolgen.

Die Dokumentation kann auch im Wege einer Online-Schnittstelle zum Sterbeverfügungsregister erfolgen, die durch einen Code vor unbefugtem Zugriff zu schützen ist, sodass Zugriff nur diejenigen Personen erlangen, denen die sterbewillige Person den Code bekannt gibt. Die eingegebenen Daten dürfen längstens 30 Jahre aufbewahrt werden.

Wenn sich im Rahmen der ärztlichen Aufklärung ein **Hinweis darauf** ergibt, dass bei der sterbewilligen Person **eine krankheitswertige psychische Störung** vorliegt, deren Folge der Wunsch zur Beendigung ihres Lebens sein könnte, ist vor der Bestätigung der Entscheidungsfähigkeit, eine **Abklärung dieser Störung** einschließlich einer Beratung durch eine Fachärztin bzw einen Facharzt für Psychiatrie und Psychotherapeutische Medizin oder eine klinische Psychologin bzw einen klinischen Psychologen zu veranlassen.

Die maximal dreißigjährige Speicherdauer der in die Schnittstelle eingegebenen Daten betrifft jene Fälle, in denen es nach der ärztlichen Dateneingabe **nicht zur Errichtung einer Sterbeverfügung kommt**, weil etwa die sterbewillige Person zuvor verstirbt oder nach Aufklärung durch die ärztlichen Personen von der Errichtung einer Sterbeverfügung absieht.

Wird hingegen eine Sterbeverfügung errichtet, so ist deren Abschrift von der dokumentierenden Person jedenfalls zehn Jahre nach ihrer Errichtung zu vernichten; auch sind die darauf bezogenen Daten im Sterbeverfügungsregister zu löschen. Siehe dazu im Detail weiter unten.

Errichtung

Wartefrist

Eine Sterbeverfügung kann in der Regel wirksam frühestens **zwölf Wochen** nach der **ersten** ärztlichen Aufklärung errichtet werden.

Der zur Errichtung einer Sterbeverfügung vorgesehene Minimalabstand von zwölf Wochen zum Zeitpunkt der ärztlichen Aufklärung soll die „Dauerhaftigkeit" des Entschlusses der sterbewilligen Person sicherstellen. Da die sterbewillige Person ihren Sterbewunsch bereits im ersten Aufklärungsgespräch erstmals zum Ausdruck bringt, wird für die Berechnung der Wartefrist an dieses erste Gespräch angeknüpft. Jedoch ist auch das **zweite Aufklärungsgespräch** jedenfalls vor der Errichtung der Sterbeverfügung durchzuführen.

Nur in dem Fall, dass eine ärztliche Person bestätigt, dass die sterbewillige Person an einer unheilbaren, zum Tod führenden Erkrankung leidet und in die **terminale Phase** eingetreten ist, ist eine Errichtung **zwei Wochen** nach dem ersten ärztlichen Aufklärungsgespräch zulässig. Auch in diesem Fall hat zuvor jedoch das zweite Aufklärungsgespräch stattzufinden. Eine terminale Phase liegt vor, wenn die Krankheit ein Stadium erreicht hat, in dem sie nach medizinischem Ermessen **innerhalb von sechs Monaten** zum Tod führen wird.

BEISPIEL

Hans Huber leidet an einer tödlichen Krankheit, die ihn extrem beeinträchtigt. Die Ärzte haben ihm mitgeteilt, dass er nur noch wenige Monate leben wird. Er möchte eine Sterbeverfügung errichten und befürchtet, dass er das Ende der zwölf Wochen Wartefrist nicht mehr erleben wird.

Folge: Eine ärztliche Person kann ihm bestätigen, dass er in die „terminale Phase" seiner Krankheit eingetreten ist. In diesem Fall kann er die Sterbeverfügung auch schon nach zwei Wochen Wartezeit errichten.

Wird die Sterbeverfügung **nicht innerhalb eines Jahres** nach der zweiten ärztlichen Aufklärung errichtet, so muss eine ärztliche Person neuerlich überprüfen und mit ihrer Unterschrift bestätigen, dass die sterbewillige Person entscheidungsfähig ist und den Entschluss zur Beendigung ihres Lebens frei und selbstbestimmt gefasst hat. Eine neuerliche ärztliche Aufklärung muss jedoch nicht durchgeführt werden.

Wo wird die Sterbeverfügung errichtet?

Eine Sterbeverfügung muss vor einem Notar bzw einer Notarin oder einem rechtskundigen Mitarbeiter bzw einer rechtskundigen Mitarbeiterin der Patientenvertretungen errichtet werden. Das Gesetz bezeichnet diese Personen zusammengefasst als „**dokumentierende Person**".

Vor der Errichtung einer Sterbeverfügung hat die dokumentierende Person durch Einsicht in das Sterbeverfügungsregister zu überprüfen, ob die sterbewillige Person bereits eine Sterbeverfügung errichtet hat. Eine mehrfache Errichtung von Sterbeverfügungen ist möglich, weil die Sterbeverfügung einem Zeitablauf unterliegt (ein Jahr nach Errichtung) oder widerrufen worden sein kann. Ist eine vorhergehende Sterbeverfügung noch gültig, muss sie vor Errichtung einer neuen Sterbeverfügung widerrufen werden.

Inhalt einer Sterbeverfügung

In einer Sterbeverfügung ist der Entschluss der sterbewilligen Person festzuhalten, ihr Leben selbst zu beenden. Sie hat auch die **ausdrückliche Erklärung** zu enthalten, dass dieser Entschluss frei und selbstbestimmt nach ausführlicher Aufklärung gefasst wurde.

In der Sterbeverfügung können auch eine oder mehrere hilfeleistende Personen angegeben werden, mit der Konsequenz, dass **auch diese das Präparat in der Apotheke abholen** können. Auf Wunsch der sterbewilligen Person kann die dokumentierende Person auch nach der Errichtung weitere hilfeleistende Personen in die Sterbeverfügung aufnehmen oder solche Personen streichen. Personen, die nicht in der Sterbeverfügung genannt sind, können zwar anderweitig Hilfe leisten, sie können für die sterbewillige Person jedoch kein Präparat aus der Apotheke abholen.

Die **hilfeleistende Person** darf nicht mit der Person ident sein, die die Aufklärung leistet oder die Sterbeverfügung dokumentiert. Die aufklärenden Ärzte oder der Notar oder die Mitarbeiterin der Patientenvertretung können daher nicht als hilfeleistende Personen angegeben werden.

Die Sterbeverfügung ist **schriftlich** vor einer dokumentierenden Person zu errichten. Dabei hat der Notar oder die rechtskundige Mitarbeiterin der Patientenanwaltschaft das Dokument oder die Dokumente über die ärztliche Aufklärung gemeinsam mit der sterbewilligen Person durchzugehen, um sicherzustellen, dass sie tatsächlich im **erforderlichen Maß aufgeklärt** ist.

Die dokumentierende Person hat über rechtliche Aspekte, wie die mögliche Errichtung

- ➜ einer Patientenverfügung oder
- ➜ Vorsorgevollmacht,
- ➜ die Errichtung einer letztwilligen Verfügung und
- ➜ die strafrechtlichen Grenzen der Hilfeleistung und weitere Rechtsfolgen

zu belehren.

Die dokumentierende Person hat unter Angabe ihres Namens und ihrer Anschrift sowie des Datums der Errichtung auf dem Dokument der Sterbeverfügung Folgendes schriftlich zu bestätigen:

- Vor- und Familienname, Geburtsdatum, Staatsangehörigkeit und Anschrift des gewöhnlichen Aufenthalts der sterbewilligen Person und die Tatsache, dass diese ihren freien und selbstbestimmten Entschluss bekräftigt hat
- dass die **Entscheidungsfähigkeit** der sterbewilligen Person ärztlich bestätigt wurde und kein Hinweis darauf vorliegt, dass sie im Zeitpunkt der Errichtung beeinträchtigt wäre
- dass eine den zeitlichen Anforderungen entsprechende **Aufklärung** mit dem notwendigen Inhalt vorliegt

HINWEIS

Der notwendige Inhalt der Aufklärung wird oben im Abschnitt „Aufklärung" erläutert. Mit den zeitlichen Anforderungen ist der Ablauf der Wartefrist von zwölf oder zwei Wochen gemeint.

In das Dokument ist auch die **Dosierungsanordnung** aufzunehmen.

Die Verfügung ist von der sterbewilligen Person zu **unterschreiben**. Falls die sterbewillige Person nicht mehr unterschreiben kann, sieht das Gesetz andere Vorgänge vor, die die Unterschrift ersetzen können.

HINWEIS

Falls die sterbewillige Person nur nicht schreiben, aber beispielsweise noch einen Stift halten kann, kann sie ein Handzeichen (meist ein Kreuz) setzen, das von einem Notar oder vom Gericht beglaubigt werden muss.

Dokumentation und Sterbeverfügungsregister

Die dokumentierende Person hat das **Original** der Sterbeverfügung der sterbewilligen Person auszuhändigen. Der Notar bzw die Notarin oder die Patientenvertretung hat eine **Abschrift** (= Kopie) der Sterbeverfügung aufzubewahren und Sicherheitsbehörden oder Strafverfolgungsbehörden, die wegen eines Delikts gegen Leib und Leben zum Nachteil der sterbewilligen Person ermitteln, Auskunft über die Sterbeverfügung zu geben. Dies dient dem Schutz der sterbewilligen Person. Die Strafverfolgungsbehörden könnten beispielsweise ermitteln, wenn sich Zweifel an der Freiwilligkeit der Einnahme des lebensbeendenden Präparats ergeben.

Im Übrigen ist die zur Aufbewahrung verpflichtete Person zur **Geheimhaltung der Daten** verpflichtet.

Das **Sterbeverfügungsregister** wird vom Bundesministerium für Gesundheit geführt.

Die dokumentierende Person hat unmittelbar nach der Errichtung einer Sterbeverfügung folgende Informationen an das Sterbeverfügungsregister zu melden:

- ➜ Identifikationsdaten der sterbewilligen Person
- ➜ Identifikationsdaten der in der Sterbeverfügung angegebenen hilfeleistenden Person(en)
- ➜ Datum der Aufklärungsgespräche und der Errichtung der Sterbeverfügung
- ➜ Identifikationsdaten der aufklärenden ärztlichen Personen
- ➜ Identifikationsdaten des Facharztes bzw der Fachärztin für Psychiatrie und Psychotherapeutische Medizin oder der klinischen Psychologin bzw des klinischen Psychologen, falls die Abklärung einer psychischen Krankheit notwendig ist
- ➜ die Dosierungsanordnung
- ➜ allfälliges Vorliegen einer terminalen Phase
- ➜ Identifikationsdaten der dokumentierenden Person

Identifikationsdaten sind Vor- und Familienname, Geburtsdatum, Geschlecht, Staatsangehörigkeit.

Unwirksamkeit, Widerrufbarkeit

Eine Sterbeverfügung ist unwirksam, wenn die gesetzlichen Bestimmungen über die Errichtung nicht eingehalten wurden.

BEISPIEL

Konstantin Koller möchte eine Sterbeverfügung errichten. Er führt die zwei ärztlichen Aufklärungsgespräche durch und errichtet die Sterbeverfügung bei einer dokumentierenden Person. Später stellt sich heraus, dass keine der ärztlichen Personen eine palliativmedizinische Qualifikation aufweist.

Folge: Die Sterbeverfügung ist unwirksam.

Die Sterbeverfügung ist außerdem unwirksam, wenn ihr Inhalt strafrechtlich nicht zulässig ist. Dies ist beispielsweise dann der Fall, wenn es sich bei der darin beschriebenen Beihilfehandlung eigentlich um eine Tötung auf Verlangen handelt.

BEISPIEL

Greta Gruber errichtet eine Sterbeverfügung, in der festgehalten wird, dass ihre Tochter ihr bei der Einnahme des lebensbeendenden Präparats helfen soll, falls Frau Gruber selbst zur Einnahme nicht mehr in der Lage ist.

Folge: Dabei handelt es sich um eine verbotene Tötung auf Verlangen. Die Sterbeverfügung ist unwirksam.

Eine Sterbeverfügung wird außerdem unwirksam, wenn seit ihrer Errichtung **mehr als ein Jahr** vergangen ist.

Eine Sterbeverfügung kann auch **widerrufen** werden. Die sterbewillige Person muss für einen Widerruf nicht entscheidungsfähig sein. Es reicht aus, dass die sterbewillige Person zu erkennen gibt, dass die Sterbeverfügung nicht mehr wirksam sein soll.

BEISPIEL

Die sterbewillige Person zerreißt die Sterbeverfügung.

Folge: Die Sterbeverfügung gilt als widerrufen. Allerdings sollte man in der Praxis die zerrissene Verfügung aufbewahren oder die Sterbeverfügung direkt vor der zur Aufbewahrung der Abschrift verpflichteten Person zerreißen, um ihr die Vernichtung nachweisen zu können. Nur nach einer nachgewiesenen Vernichtung darf auch die Abschrift vorzeitig vernichtet werden, wenn noch kein Jahr seit der Errichtung vergangen ist (siehe sogleich).

Vernichtung der Abschrift der Sterbeverfügung

Nach Ablauf der im Folgenden genannten Fristen hat die zur Aufbewahrung verpflichtete Person die Abschrift der Sterbeverfügung zu **vernichten**:

- **Sechs Jahre** nach Errichtung der Sterbeverfügung, wenn kein Präparat bezogen wurde, was die zur Aufbewahrung verpflichtete Person durch Einsicht in das Sterbeverfügungsregister prüfen muss
- **Zehn Jahre** nach Errichtung. In diesem Fall macht es keinen Unterschied, ob ein Präparat bezogen wurde oder nicht

Die zur Aufbewahrung verpflichtete Person hat die Abschrift der Sterbeverfügung **auf Wunsch** der sterbewilligen Person auch dann zu vernichten, wenn die Sterbeverfügung **widerrufen** wurde oder nach der Errichtung **ein Jahr vergangen** ist ***und***

- noch kein Präparat bezogen wurde oder das Präparat nachweislich zurückgegeben wurde **und**
- das Original der Sterbeverfügung nachweislich vernichtet wurde oder dessen Wirksamkeit abgelaufen ist.

Die für die Aufbewahrung verantwortliche Person hat die **Vernichtung der Abschrift** der Sterbeverfügung an das Bundesministerium für Gesundheit unter Angabe des Datums eines allfälligen Widerrufs zu melden, welches die darauf bezogenen Daten zu löschen hat.

Präparat

Das sogenannte „Präparat“ ist eine für die sterbewillige Person **tödliche Dosis** Natrium-Pentobarbital oder ein anderes, durch gesetzliche Verordnung festgelegtes Mittel, das in entsprechender Dosis das Leben beendet.

Ein solches Präparat darf nur von einer **öffentlichen Apotheke** in der in der Sterbeverfügung angegebenen **Dosierung** samt der erforderlichen **Begleitmedikation** an die sterbewillige oder eine in der Sterbeverfügung namentlich genannte hilfeleistende Person **nach Vorlage einer wirksamen Sterbeverfügung** abgegeben werden.

Die Abgabe und eine allfällige **Zurückgabe** sind an das **Sterbeverfügungsregister** unter Angabe des Datums, der abgebenden Apotheke und der Identifikationsdaten der abgebenden Person zu melden.

HINWEIS

In der Praxis sollte der Ablauf wie folgt aussehen:

Der Apotheker bzw die Apothekerin lässt sich die Sterbeverfügung zeigen und prüft, ob deren Wirksamkeitsdauer noch nicht abgelaufen ist. Er bzw sie überprüft anhand eines amtlichen Lichtbildausweises, ob es sich bei der abholenden Person um die sterbewillige oder eine in der Sterbeverfügung angeführte hilfeleistende Person handelt. Durch Einsicht in das Register verifiziert er bzw sie, dass es sich um eine in das Register eingetragene Sterbeverfügung handelt und für die sterbewillige Person nicht schon einmal (etwa auch aufgrund einer früheren Sterbeverfügung) ein Präparat ausgefolgt wurde. Dadurch soll einem möglichen Missbrauch vorgebeugt werden. Das Präparat ist in der in der Sterbeverfügung angegebenen Dosierung gemeinsam mit der erforderlichen Begleitmedikation abzugeben.

Im Falle des **Verlusts oder Diebstahls** des Präparats kann die sterbewillige Person von der dokumentierenden Person verlangen, dass dies auf einer gültigen Sterbeverfügung oder auf einer aus diesem Anlass neu errichteten Sterbeverfügung vermerkt wird, sodass neuerlich ein Präparat ausgefolgt werden kann. Die dokumentierende Person hat diesen Vermerk zu erteilen, wenn kein Zweifel an der Zuverlässigkeit der sterbewilligen Person besteht, und an das Sterbeverfügungsregister zu melden.

HINWEIS

Wenn man ein neues Präparat aus der Apotheke holt und danach das verlorengegangene Präparat wieder auffindet, so ist das wieder aufgefundene Präparat in der Apotheke zurückzugeben.

Die sterbewillige Person und die hilfeleistende Person, der das Präparat ausgefolgt wurde, haben das Präparat durch geeignete, den jeweiligen Umständen entsprechende Maßnahmen **gegen eine unbefugte Entnahme zu sichern**. Verstoßen die sterbewillige oder die hilfeleistende Person gegen diese Sorgfaltspflichten und kommen Dritte zu Schaden, drohen zivil- und strafrechtliche Folgen.

Im Fall einer Aufgabe ihres Sterbewillens hat die sterbewillige Person das Präparat bei der Apotheke **zurückzugeben**. Die Apothekerin bzw der Apotheker hat zurückgegebene Präparate zu entsorgen und die Rückgabe im Sterbeverfügungsregister einzutragen.

Befindet sich in der **Verlassenschaft** eines Verstorbenen ein Präparat, so ist dies von jedem, der das Präparat auffindet, unverzüglich der **Bezirksverwaltungsbehörde** als Gesundheitsbehörde **anzuzeigen**. Die Behörde hat die zur Vernichtung erforderlichen Anordnungen zu treffen.

Werbeverbot und Verbot wirtschaftlicher Vorteile

Es ist verboten, mit einer Hilfeleistung zu **werben**. Das Gesetz versteht unter „**Hilfeleistung**“ die physische Unterstützung der sterbewilligen Person bei der Durchführung lebensbeendender Maßnahmen; die ärztliche Aufklärung oder die Mitwirkung an der Errichtung einer Sterbeverfügung ist keine Hilfeleistung in diesem Sinn.

Das Werbeverbot umfasst Werbung, die eigene oder fremde Hilfeleistung oder Mittel, Gegenstände oder Verfahren, die zur Selbsttötung geeignet sind, unter Hinweis auf diese Eignung anbietet, ankündigt oder anpreist.

Es ist hingegen zulässig, eine sterbewillige Person auf die Möglichkeit der Errichtung einer Sterbeverfügung nach dem Sterbeverfügungsgesetz hinzuweisen.

HINWEIS

Bei dem im Sterbeverfügungsgesetz geregelten Werbeverbot geht es um Anpreisungen, die an einen unbestimmten Teilnehmerkreis gerichtet sind. Das Ansprechen bestimmter Personen, um bei ihnen einen Entschluss zum Suizid zu wecken, war schon bisher und ist weiterhin als „Verleiten" zum Suizid nach dem Strafgesetzbuch strafbar. Die Strafdrohung reicht hierbei von sechs Monaten bis zu fünf Jahren Freiheitsstrafe.

Es ist außerdem verboten, sterbewilligen Personen eine Hilfeleistung anzubieten oder diese durchzuführen, wenn man sich oder einem Dritten dafür **wirtschaftliche Vorteile versprechen lässt** oder annimmt, die über den Ersatz des nachgewiesenen Aufwands hinausgehen.

HINWEIS

Es ist in diesem Zusammenhang auch verboten, sich als Gegenleistung für die Hilfeleistung in einem Testament bedenken zu lassen.

BEISPIEL

Martin Maier lebt abgelegen. Die nächste Apotheke ist weit entfernt. Er hat seinen Bekannten Norbert Nodl als hilfeleistende Person in der Sterbeverfügung bezeichnet und bittet ihn, das Präparat aus der Apotheke zu holen, weil Herr Maier selbst bereits zu gebrechlich ist. Herr Nodl erklärt sich dazu bereit, das Präparat aus der Apotheke zu holen. Er bittet Herrn Maier aber darum, ihm die Treibstoffkosten für sein Auto zu ersetzen.

Folge: Die Treibstoffkosten sind ein nachweisbarer Aufwand, der nicht unter das Verbot fällt.

Wer gegen das im Sterbeverfügungsgesetz geregelte Werbeverbot oder das Verbot wirtschaftlicher Vorteile verstößt, muss mit einer Geldstrafe von bis zu € 30.000 und im Wiederholungsfall bis zu € 60.000 rechnen.

Kapitel 11:

Organtransplantation

In Österreich gilt im Hinblick auf die Entnahme von Organen bei Verstorbenen die sogenannte Widerspruchslösung. Das Gesetz sieht vor, dass einer verstorbenen Person Organe entnommen werden dürfen, wenn sie nicht zu Lebzeiten einer Organentnahme ausdrücklich widersprochen hat.

Die österreichische Regelung wird auf alle Menschen angewandt, die in Österreich sterben. Auf die Staatsbürgerschaft kommt es nicht an.

In Deutschland gilt dagegen die sogenannte Zustimmungslösung. Dort ist eine Organentnahme bei Verstorbenen verboten, wenn die Person nicht zu Lebzeiten einer Entnahme zugestimmt hat. Deshalb gibt es dort „Organspendeausweise", die man bei sich trägt, damit der Arzt nach einem plötzlichen Tod weiß, dass er Organe entnehmen darf. Einen solchen Ausweis gibt es in Österreich aufgrund der Widerspruchslösung nicht.

Ein Widerspruch gegen die Organentnahme kann in jeder beliebigen Form abgegeben werden. Er kann beispielsweise auch in der Patientenverfügung enthalten sein. Es ist auch möglich, den Widerspruch auf einen Zettel zu schreiben, den man immer bei sich trägt.

Damit Ärztinnen und Ärzte im Ernstfall von dem Widerspruch sicher erfahren, empfiehlt es sich aber, ihn in das „**Widerspruchsregister**" eintragen zu lassen. Medizinisches Personal ist gesetzlich verpflichtet, in das Widerspruchsregister Einsicht zu nehmen, bevor es Organe bei einem Verstorbenen entnehmen darf.

HINWEIS

Das Widerspruchsregister wird von der Gesundheit Österreich GmbH geführt. Auf der Webseite www.goeg.at werden Formulare zur Verfügung gestellt, die man ausfüllen und an die Gesundheit Österreich GmbH senden kann, um seinen Widerspruch gegen die Organentnahme in das Register eintragen zu lassen.

Solange man lebt, kann man immer einer Organspende – wie beispielsweise einer Nierentransplantation – zustimmen. Dabei ist es gleichgültig, ob man einen Widerspruch registriert hat oder nicht. Der Widerspruch bezieht sich nur auf Organentnahmen nach dem Tod.

Kapitel 12:

Österreichisches Zentrales Vertretungsverzeichnis - ÖZVV

Das „Österreichische Zentrale Vertretungsverzeichnis (ÖZVV)“ wird von der österreichischen Notariatskammer geführt und überwacht und dient der Dokumentation von insbesondere Vorsorgevollmachten und Erwachsenenvertretungen.

Im ÖZVV müssen die folgenden Umstände registriert werden:

- Vorsorgevollmachten
- Vereinbarungen über eine gewählte Erwachsenenvertretung
- gesetzliche Erwachsenenvertretungen
- Erwachsenenvertreter-Verfügungen
- gerichtliche Erwachsenenvertretungen
- Änderung, Kündigung, Widerruf oder die sonstige Beendigung der Vorsorgevollmacht sowie der Eintritt oder Wegfall des Vorsorgefalls
- Änderung, Kündigung, Widerruf oder sonstige Beendigung einer gewählten Erwachsenenvertretung
- Vorab-Widerspruch zur gesetzlichen Erwachsenenvertretung bzw dessen Widerruf
- Widerspruch gegen bestehende gesetzliche Erwachsenenvertretungen
- Widerruf der Erwachsenenvertreter-Verfügung
- Änderung, Übertragung, Einleitung des Erneuerungsverfahrens, Erneuerung und Beendigung einer gerichtlichen Erwachsenenvertretung
- Änderung von Personaldaten

Eintragungen zur Vorsorgevollmacht, gewählten und gesetzlichen Erwachsenenvertretung sowie zur Erwachsenenvertreter-Verfügung sind von einem Notar, einer Rechtsanwältin oder einem Erwachsenenschutzverein vorzunehmen. Eintragungen zur gerichtlichen Erwachsenenvertretung sind vom Gericht vorzunehmen. Weiters kann nur das Gericht Eintragungen aufgrund einer gerichtlichen Entscheidung vornehmen, die eine Vorsorgevollmacht, eine gewählte oder gesetzliche Erwachsenenvertretung beenden.

Eintragungen zur Beendigung einer Vorsorgevollmacht oder Erwachsenenvertretung durch den Tod des Vertreters bzw der Vertreterin oder der vertretenen Person sind vom Gerichtskommissär vorzunehmen. Gerichtskommissär ist jener Notar, welcher mit der Abwicklung des gerichtlichen Verlassenschaftsverfahrens nach der jeweils verstorbenen Person betraut ist.

In das ÖZVV können laut Gesetz folgende Personen Einsicht über die österreichische Notariatskammer nehmen:

- Gerichte
- der registrierende Notar, die registrierende Rechtsanwältin oder ein Erwachsenenschutzverein

- die Träger der Sozialversicherung
- die Träger der Sozialhilfe und sonstige Entscheidungsträger in Sozialrechtssachen
- der Vertreter oder die Vertreterin (Bevollmächtigte)
- die vertretene Person (Vollmachtgeber)
- der gewählte Erwachsenenvertreter bzw die gewählte Erwachsenenvertreterin
- der gesetzliche Erwachsenenvertreter bzw die gesetzliche Erwachsenenvertreterin

Alle übrigen Stellen haben bei Vorliegen eines rechtlichen Interesses die Möglichkeit, Auskunft über das zuständige Pflegschaftsgericht zu erhalten.

Über Verlangen einer beteiligten Person sind die oben genannten Urkunden bzw sonstigen Tatsachen vom Notar, der Rechtsanwältin oder dem Erwachsenenschutzverein im Register einzutragen, wenn die gesetzlichen Voraussetzungen vorliegen und dies der Notarin, dem Rechtsanwalt oder Erwachsenenschutzverein nachgewiesen wird. Über die fehlende oder eingeschränkte Entscheidungsfähigkeit, den Wirkungsbereich der Vertretungsbefugnis betreffend, ist ein ärztliches Gutachten vorzulegen.

Die eintragende Stelle (Notar, Rechtsanwältin oder Erwachsenenschutzverein) hat die vertretene oder zu vertretende Person den Bevollmächtigten, gewählten oder gesetzlichen Erwachsenenvertreter, über die Folgen der Eintragung zu **informieren** und eine **Bestätigung der Eintragung auszufolgen**. Das Gesetz sieht jedoch nicht vor, dass Personen, die in einer Erwachsenenvertreterverfügung genannt sind, über die Folgen der Eintragung informiert werden müssen oder eine Bestätigung der Eintragung erhalten. Hier bleibt es der verfügenden Person überlassen, die genannte Person zu verständigen.

Gemeinsam mit der Bestätigung der Eintragung ist eine Übersicht über die mit der Vertretung verbundenen Rechte und Pflichten auszufolgen. Diese Bestätigung darf nach Beendigung der Vertretungsbefugnis im Geschäftsverkehr nicht mehr verwendet werden.

Von der Eintragung einer gewählten oder gesetzlichen Erwachsenenvertretung ist auch immer das zuständige Pflegschaftsgericht zu verständigen. Über die Eintragung einer weiteren vertretenden Person ist der bereits eingetragene Vertreter zu informieren.

Wenn die vertretende oder die vertretene Person **verstirbt**, hat der Notar, der die Verlassenschaft abhandelt (Gerichtskommissär), die Beendigung einer Vorsorgevollmacht oder Erwachsenenvertretung, die im Österreichischen Zentralen Vertretungsverzeichnis eingetragen ist, zu registrieren.

Gerichtliche Erwachsenenvertretung

Eine gerichtliche Erwachsenenvertretung wird vom Gericht beschlossen und daher auch vom Gericht in das ÖZVV eingetragen. Das Gericht hat diejenigen Personen und Stellen von der Bestellung des gerichtlichen Erwachsenenvertreters zu **verständigen**, die nach den Ergebnissen des gerichtlichen Verfahrens, insbesondere nach den Angaben des Erwachsenenvertreters, ein begründetes Interesse daran haben.

Das Gericht kann auch die **Beendigung** einer Vorsorgevollmacht oder einer gesetzlichen oder gewählten Erwachsenenvertretung verfügen. Von einer solchen Beendigung ist die von der Beendigung betroffene vertretende Person durch das Gericht zu verständigen.

Wenn der Wirkungsbereich des Erwachsenenvertreters auch die Verfügung über GmbH-Anteile oder Liegenschaften der vertretenen Person umfasst, hat das Gericht ins Firmenbuch oder Grundbuch einzutragen, dass ein gerichtlicher Erwachsenenvertreter für den Eigentümer bestellt wurde. Gegebenenfalls ist auch einzutragen, dass eine gerichtliche Genehmigung für die Verfügung über diese Anteile oder Liegenschaften notwendig ist.

Das **Gericht** hat die Änderung, Übertragung, Erneuerung und Beendigung der **gerichtlichen Erwachsenenvertretung** im Österreichischen Zentralen Vertretungsverzeichnis einzutragen.

Die gerichtliche Erwachsenenvertretung erlischt grundsätzlich nach drei Jahren. Wenn allerdings ein Antrag auf Verlängerung (Erneuerung) der gerichtlichen Erwachsenenvertretung gestellt wird, dann bleibt diese zumindest so lange aufrecht, bis das Gericht über den Antrag entschieden hat. Zum Hinweis darauf, dass ein Erneuerungsverfahren anhängig ist, trägt das Gericht die „Einleitung eines Erneuerungsverfahrens“ im ÖZVV ein.

Während die Wirksamkeit der Vorsorgevollmacht und das Entstehen der gesetzlichen und gewählten Erwachsenenvertretung eine Eintragung im

ÖZVV voraussetzt, entsteht die gerichtliche Erwachsenenvertretung bereits mit Erlassung des entsprechenden Gerichtsbeschlusses. Die Eintragung im ÖZVV dient in diesem Fall nur der Dokumentation.

Wenn sich ein Angehöriger oder eine Angehörige dazu bereit erklärt, die Erwachsenenvertretung zu übernehmen und wenn er oder sie dafür geeignet ist, dann muss das Gericht eine bestehende gerichtliche Erwachsenenvertretung beenden, damit diese Person als gesetzliche Erwachsenenvertreterin in das ÖZVV eingetragen werden kann.

Kapitel 13:

Serviceteil

Im folgenden Serviceteil finden Sie nützliche Adressen und Links, wie jene zu Erwachsenenschutzvereinen und Bezirksgerichten, wo Sie sich kostenlos juristisch beraten lassen können. Außerdem enthält er ein Muster für eine Patientenverfügung.

Nützliche Adressen und Links

Bundesministerium für Justiz
Museumstraße 7, 1070 Wien
Tel.: 0800 99 99 99
Webseite: www.justiz.gv.at

Österreichische Notariatskammer
Landesgerichtsstraße 20, 1010 Wien
Briefanschrift: Postfach 150, 1011 Wien
Tel.: 01/402 45 09 0
Webseite: www.notar.at

Österreichischer Rechtsanwaltskammertag
Wollzeile 1–3, 1010 Wien
Tel.: 01/535 12 75-0
Webseite: www.rechtsanwaelte.at

www.help.gv.at (Plattform der Regierung, die bei Amtswegen unterstützt)

Erwachsenenschutzvereine

In Österreich gibt es vier vom Justizministerium anerkannte Erwachsenenschutzvereine. Zu deren Aufgaben gehört

- die **Übernahme von Erwachsenenvertretungen**: Als Vertreter werden Erwachsenenschutzvereine dann bestellt, wenn keine geeignete nahestehende Person für diese Aufgabe zur Verfügung steht und/oder wenn spezielle Anforderungen mit der Erwachsenenvertretung verbunden sind.
- **Clearing:** Im Auftrag des Gerichts klären die Vereine vor der Bestellung eines Vertreters oder einer Vertreterin ab, ob und welche Alternativen es im konkreten Fall geben könnte. Dazu kontaktieren sie die betroffene Person, erfassen ihre soziale Situation und leiten die Zusammenfassung der Erhebungen im Bedarfsfall an den zuständigen Richter oder die zuständige Richterin weiter.
- **Schulung und Beratung:** Für nahestehende Personen, die als Erwachsenenvertreter bestellt sind, werden Schulungen und Beratung angeboten.

Verein VertretungsNetz – Erwachsenenvertretung, Patientenanwaltschaft, Bewohnervertretung
Zentrale:
Ungargasse 66/2/3. OG, 1030 Wien
Tel.: 01/330 46 00
E-Mail: verein@vertretungsnetz.at
Webseite: www.vertretungsnetz.at
Der Verein VertretungsNetz hat Niederlassungen in ganz Österreich. Weitere Adressen finden Sie auf der Webseite.

NÖ. Landesverein für Erwachsenenschutz – Erwachsenenvertretung, Bewohnervertretung
Bräuhausgasse 5/2/2, 3100 St. Pölten
Tel.: 02742/77 175
E-Mail: erwachsenenschutz@noelv.at
Webseite: www.noelv.at

ifs Erwachsenenvertretung
Leitung:
Interpark Focus 40, 6832 Röthis
Tel.: 05/1755–500
E-Mail: ifs@ifs.at
Webseite: www.ifs.at

Erwachsenenvertretung Salzburg
Hauptstraße 91d, 5600 St. Johann im Pongau
Tel.: 06412/6706
E-Mail: office@erwachsenenvertretung.at
Webseite: www.erwachsenenvertretung.at

Bezirksgerichte

Bezirksgerichte bieten üblicherweise an einem Tag der Woche einen sogenannten Amtstag an. An diesem Tag kann man sich beim Bezirksgericht kostenlos juristisch beraten lassen und einfache Anträge stellen. Aufgrund des oft großen Andrangs muss man jedoch mit Wartezeiten rechnen.

Unter dem folgenden Link sind die Bezirksgerichte nach Oberlandesgerichtssprengeln geordnet abrufbar: www.justiz.gv.at – Gerichte.

Muster-Vorsorgevollmacht des Justizministeriums

Es gab ein Musterformular für eine Vorsorgevollmacht auf der Homepage des Justizministeriums. Dieses war für das alte (vor dem 1.7.2018 geltende) Recht angeboten worden. Zum aktuellen Erwachsenenschutzgesetz gibt es kein Musterformular des Justizministeriums. Vorsorgevollmachten können nach den aktuellen Bestimmungen nicht mehr ohne Notar, Anwältin oder Erwachsenenschutzverein errichtet werden.

Muster Patientenverfügung

Das folgende Muster finden Sie online unter www.patientenanwalt.com – Ihre Rechte – Patientenverfügung – Formular.

Patientenverfügung

Diese Patientenverfügung wird gemäß Patientenverfügungs-Gesetz (BGBl. I Nr. 55/2006 i.d.g.F.) errichtet.

Meine Patientenverfügung

Ohne Druck und Zwang, nach reiflicher Überlegung und in Kenntnis der (rechtlichen) Tragweite erstelle ich diese Patientenverfügung für den Fall, dass ich nicht mehr entscheidungsfähig bin.

☐ **Diese Patientenverfügung soll verbindlich gelten.**

[1] Meine Daten

Vorname(n) ______________________

Nachname(n) ______________________

Geburtsdatum ______________ Telefon ______________

Straße/Nr. ______________________

Postleitzahl ________ Wohnort ______________

[2] Beschreibung meiner persönlichen Umstände und Einstellungen

Damit meine behandelnden Ärztinnen/Ärzte für den Fall, dass ich mich während meiner medizinischen Behandlung nicht mit ihnen verständigen kann, meinen Willen als Patient(in) besser beurteilen können, halte ich Folgendes über meine Einstellung zu meinem Leben, meiner Gesundheit und Krankheit, meinem Sterben und meinem Tod bzw. meiner religiösen Einstellung fest:

____

____

____

____

[3] Inhalt der Patientenverfügung

Meine Patientenverfügung soll in **folgenden Situationen** gelten:

____

____

____

____

____

____

____

____

Die medizinischen Behandlungen, die ich im Folgenden konkret beschreibe, **lehne ich ab:**

[4] Sonstige Anmerkungen

[5] Meine Vertrauenspersonen

Folgende Person(en) dürfen von Ärztinnen/Ärzten Informationen über meinen Gesundheitszustand erhalten:

Vor- und Nachname(n) ____________________

Straße/Nr., Postleitzahl, Wohnort ____________________

Telefon ____________________ E-Mail ____________________

Vor- und Nachname(n) ____________________

Straße/Nr., Postleitzahl, Wohnort ____________________

Telefon ____________________ E-Mail ____________________

Patientenverfügung – Seite 2 von 4

[6] Hinweis auf eine Vorsorgevollmacht

Ich habe eine Vorsorgevollmacht bei Notarin/Notar, Rechtsanwältin/Rechtsanwalt oder einem Erwachsenenschutzverein erstellt. Die bevollmächtigte Person ist:

Vor- und Nachname(n) ______________________________

Straße/Nr., Postleitzahl, Wohnort ______________________________

Telefon ______________ E-Mail ______________

[7] Ärztin/Arzt, die/der mich beim Erstellen der Patientenverfügung aufgeklärt und beraten hat

Vor- und Nachname(n) ______________________________

Straße/Nr., Postleitzahl, Wohnort ______________________________

Telefon ______________ E-Mail ______________

[8] Ärztliche Aufklärung

Als Ärztin/Arzt habe ich mit der Patientin/dem Patienten ein ausführliches Gespräch geführt. Diese(r) ist zum Zeitpunkt der Beratung in der Lage, das Besprochene zu verstehen und ihren/seinen Willen danach zu richten. Im Gespräch haben wir die gesundheitliche Ausgangslage und die medizinischen Folgen der im Einzelnen abgelehnten Maßnahmen umfassend besprochen und ich beschreibe den **Inhalt dieses Gespräches** wie folgt:

____

____

____

____

____

____

Ich als Ärztin/Arzt habe die Patientin/den Patienten über Wesen und Folgen der Patientenverfügung für die medizinische Behandlung ausführlich informiert. Die Patientin/Der Patient schätzt die **medizinischen Folgen** der Patientenverfügung zutreffend ein, weil

____

____

____

____

____

Ort, Datum — Name, Unterschrift und Stempel Ärztin/Arzt

Patientenverfügung – Seite 3 von 4

[9] Errichtung vor einer/einem rechtskundigen Mitarbeiterin/Mitarbeiter der Patientenvertretung oder des Erwachsenenschutzvereins oder vor einer Notarin/einem Notar bzw. einer Rechtsanwältin/einem Rechtsanwalt.

Ich habe die errichtende Person über das Wesen der verbindlichen Patientenverfügung und die rechtlichen Folgen sowie die Möglichkeit des jederzeitigen Widerrufs belehrt. Insbesondere habe ich darauf aufmerksam gemacht, dass die Verfügung von der Ärztin/vom Arzt in aller Regel befolgt werden muss, selbst dann, wenn die untersagte Behandlung medizinisch indiziert ist.

Ort, Datum — Name, Unterschrift und Stempel

[10] Bestätigung meiner Patientenverfügung

Ich bestätige mit meiner Unterschrift, dass ich meine Patientenverfügung selbst errichtet habe.

Ort, Datum — Unterschrift

[11] Zeugen

Nur für den Fall, dass die/der Erkrankte nicht in der Lage ist zu unterschreiben, muss sie/er bei „Unterschrift" ein Handzeichen setzen. Dieses muss entweder notariell oder gerichtlich beglaubigt sein oder vor zwei Zeuginnen/Zeugen erfolgen. Eine/r der Zeuginnen/Zeugen muss den Namen der Person, die mit Handzeichen gefertigt hat, unter dieses Handzeichen setzen.

Wenn auch ein Handzeichen nicht möglich ist, muss die Errichtung der Patientenverfügung von einer Notarin/einem Notar (oder einem Gericht) beurkundet werden.

1. Zeugin/Zeuge
Name und Unterschrift ______________________________

2. Zeugin/Zeuge
Name und Unterschrift ______________________________

Hinweis

Falls diese Patientenverfügung nicht alle Formvorschriften einer verbindlichen Patientenverfügung erfüllen sollte, ist sie dennoch bei der Ermittlung des Patientenwillens zu berücksichtigen (§§ 8, 9 Patientenverfügungs-Gesetz).

Dieses Formular wurde in Zusammenarbeit der ARGE PatientenanwältInnen und Hospiz Österreich erarbeitet und wird von dem Bundesministerium für Arbeit, Soziales, Gesundheit und Konsumentenschutz sowie den folgenden Institutionen empfohlen:

Patientenverfügung – Seite 4 von 4

STICHWORTVERZEICHNIS

Geordnet vorsorgen und vererben

Linde

Vorsorge für den Todesfall
Kilian | Gall | Tschugguel

3. Aufl. 2022
ca. 160 Seiten, kart.
978-3-7093-0672-7
Erscheint im Juni 2022

 € 19,90

 E-Book erhältlich

Steuern.
Wirtschaft.
Recht.
Am Punkt.

Versandkostenfrei bestellen
www.lindeverlag.at

Schritt für Schritt zum gültigen Testament

Linde

Was Sie bei der Testamentserrichtung beachten sollten

Testament - wohl überlegt und unantastbar

Leitner-Bommer | Chladek | Felzmann

2021, 144 Seiten, kart.
978-3-7093-0679-6

 € 19,90

 E-Book erhältlich

Steuern.
Wirtschaft.
Recht.
Am Punkt.

Versandkostenfrei bestellen
www.lindeverlag.at